Clelia   Meyer

Augen auf und durch

Clelia   Meyer

Augen auf und durch

Das ungeordnete Leben der Urgroßnichte von

Conrad Ferdinand Meyer

© 2024 Clelia Meyer, Erftstadt

Umschlaggestaltung: Klaus Schramm

Herstellung und Verlag: BoD – Books on Demand, Norderstedt

ISBN 9783758364129

für meinen Bruder Georg
meinen Sohn Achim
meinen Mann Klaus

Inhaltsverzeichnis: Erster Teil

Gegenwart in kursiv

Vergangenheit nicht kursiv

Der Zeiten-Wechsel ist gekennzeichnet durch XXXX

Erster Teil

Rhein aufwärts mit Scho-ka-kola
Start in die Ferien im Juni 2009.

Klaus, mein Mann, plante diese Reise, rheinaufwärts zu den Quellen, mit dem Ziel bei Vollmond in Maloja vor dem Piz Lagrev zu sein. Er hatte sich vor einem Jahr auf dem Campingplatz in den Berg, den wir täglich vor Augen hatten, verliebt und bereits malerisch einige Stimmungen eingefangen. Eine Arbeit, die er fortsetzen will. Angesichts dieser lunaren Zielsetzung beschließe ich, mich auf den Weg zu konzentrieren und ein schon lange Vorgehabtes endlich zu tun und unterwegs täglich den Verknäuelungen, Sackgassen und Gabelungen meines wirren Lebensweges nachzugehen und sie aufzuzeichnen. Das Engadin ist für mich ein wichtige Wegkreuzung, die mich magisch immer wieder anzieht. Ursprung und Endpunkt der Reise ist für mich Zürich, meine Geburts- und Vaterstadt, von der ich einfach nicht loskomme. Spiralig wollen wir uns diesem Ziel nähern.
Seit wir, Klaus und ich, zusammen sind, ist Camping unser Ding. Zuerst mit Zelt, dann mit selbst gebastelten Liegen im kleinen Lieferwagen. Seit vier Jahren besitzen wir einen komfortablen Campingbus, mit Küche, Bad und Festbett, wendig, alltags- und bergtauglich.
Der Stress der letzten Wochen liegt uns noch in den Knochen. Wir hatten eine große gemeinsame Ausstellung an einem Wochenende in einem Rohbau mit über 300qm auf drei Ebenen. Klaus hat neben seinen großformatigen Zyklen zum ersten mal wieder Landschaften u. a. eben den Piz Lagrev ausgestellt, nachdem jahrzehntelang der Mensch im Zentrum seiner Bildwelten stand. Ich hatte eine

11

3x2x1-meter große Rhein-Installation aufgebaut um darauf hinzuweisen, dass der Mythos: „Deutscher Rhein" seine Quellen auf ca. 1900 m.ü.M. in der Schweiz und seine Mündungen in Holland hat. Dazu kommt, dass Liechtenstein, Österreich und Frankreich ihn zeitweise begrenzen. So habe ich mit 13 Kisten sowohl sein Gefälle als auch seinen 1320 km langen Verlauf mit großem Knie bei Basel nach 400 km simuliert; in Köln strömt er nach etwa 950 km vorbei. Über die Kisten ergoss sich ein türkiser Leinenfluss, aus dem schwarzweiße Rheinkiesel ragten. Auf dem Mündungssand sonnte sich eine Robbe, ein Schwemmholz-Fundstück aus dem Bodensee.

Besuche aus Berlin und Bayern waren zuletzt noch bei uns, mein Sohn Achim und Klaus' Sohn Stephan mit seiner neuen Freundin.- Wir beschließen alles hinter uns zu lassen; sollten wir beim hastigen Einpacken etwas vergessen haben, kann man es meist ersetzen. Klaus übernimmt wie immer die erste Etappe. Als ich dann am Steuer sitze, überfällt mich schon bald eine Müdigkeit, die ich mit Tiefatmen, Kauen, Daumen-beißen und Wangentätscheln zu überwinden suche. Der Segafredo im Rasthof Wonnegau hilft wenig; ich muss, will auch weiterfahren, denn mein Soll von 90 Minuten ist noch nicht erfüllt und Klaus ist auch müde. Mit den gesammelten Pipibons von SANIFAIR ersteht Klaus eine Dose SCHO-KA-KOLA. Für mich ein Schlüsselreiz: Wie ein Pawlowscher Hund steige ich in einen alten Film ein:

XXXX

Ich fahre, acht Tage nach der Geburt meines Sohnes Achim, am 26. Mai 1972 mit meinem alten, kleinen Saab mit der Nummer ZH131754 (ich konnte mich in den sieben Jahren, die ich schon in Deutschland wohne, nicht von ihr trennen) von Köln nach Boppard, wo meine Tante Hilde, eine Cousine meines Vaters wohnt. Sie ist die Tochter meines Großonkels Wilhelm Meyer-Lübke, der in Bonn Professor für Romanistik und Linguistik war. Von welchem es in der Familiensaga heißt, dass er erst mit vier Jahren anfing zu sprechen, aber dann gleich perfekt. Tante Hilde ist verwitwet und war lange Zeit mit zwei Söhnen alleinerziehend. Sie hatte mich eingeladen, ein paar Wochen nach der Geburt bei ihr zu verbringen.

Da ich in meinem Psychologie-Studium kurz vor dem Abschluss stehe und nur noch selten zur Uni muss, habe ich dieses Angebot gerne angenommen. Ich fahre also auf der Bundesstraße 9 rheinaufwärts mit meinem kleinen Meyerlein, der friedlich auf dem Rücksitz in seiner roten Tragetasche schläft. Ich fühle mich noch etwas schlapp.

Und plötzlich überfällt mich schlagartig eine bleischwere Müdigkeit. Ich versuche dagegen anzukämpfen, beiße auf meinem Daumen herum, grimassiere und kneife die Pobacken zusammen. Ich reiße die Augen auf, trotzdem fängt die Straße an zu flimmern und verschwimmt. Als ich dann nach einer Kurve auf eine Bahnunterführung zusteuere, und die Mauer so seltsam auf mich zu wankt, wird mir schlagartig klar, dass ich anhalten muss. Zum Glück kommt rechter Hand ein Parkplatz, auf dem ich den Wagen ausrollen lassen kann. „Mensch, Mensch, du bist nicht mehr allein, du hast ein Kind!"- hämmert es in meinem Kopf, während mir der Schweiß ausbricht -„So kannst du nicht weiterfahren!" Ich atme erst einmal tief durch. Und sehe mich nach Achim um. Er schlummert friedlich. Tränen steigen auf: „Was bist du für eine Mutter!" Der Dammschnitt, kaum verheilt, fängt an zu brennen. Ich komme zu mir. Sehe mich um. Auf dem Parkplatz steht ein Büdchen. Ich fahre näher ran und parke davor. Gehe rein.

Kaffee hat sie gerade nicht. Dann sehe ich die rote Dose SCHO-KA-KOLA. Ich hatte so was noch nie gekauft: war mir irgendwie zu deutsch. Doch jetzt erscheint mir die Dose wie ein Rettungsanker. Ich greife danach und bezahle. Gehe zum Auto zurück. Achim reckt sich, runzelt seine Stirn, drei tiefe Querfalten entstehen, er zieht ein Schnütchen, seine winzigen Hände fuchteln herum, ich murmele beruhigend auf ihn ein, und er sinkt wieder in Tiefschlaf. Nun mache ich mich über die Dose her, versuche sie zu öffnen, was nicht gleich gelingt. Ich esse langsam vier Stück und hoffe auf die versprochene Wirkung: „Wie ein starker Espresso". Langsam fühle ich mich besser. Ein paar Minuten gönne ich mir noch. Es ist nicht mehr weit bis Koblenz. Noch niemand aus meiner Familie hat den kleinen Kerl gesehen, und ich möchte bald ankommen. Also fahre ich los. Die Strecke hinter Koblenz verläuft direkt am Rhein, ich genieße die Fahrt und lande sicher mit meinem Kind vor Tante Hildes Haus. Sie empfängt uns sehr herzlich und bewundert den Familienzuwachs gebührend. Nur einer meiner Vettern meint mosern zu müssen: „So ein hässliches Kind habe ich noch nie gesehen."

XXXX
Erste Station: Eguisheim

Dank Scho-ka-kola sind wir heil in Eguisheim im Elsaß ein-getroffen, unserem ersten Campingplatz. Er liegt mitten in den Weinbergen über dem enggassigen, von drei Schlös-sern bewachten, pittoresken Weinort südwestlich von Colmar. Von hier ist es nicht weit bis Ronchamp und der von Corbusier erbauten Kapelle. Bei Sturm und heftigen Gewittern fahren wir dahin. Wir platzen in eine Messe, die für eine Schar Kinder auf Klassenfahrt abgehalten wird. Wir setzen uns. Doch die anschließende Führung, bei der die Kinder herum rennen und quatschen, lässt nicht die Ergriffenheit aufkommen, die ich vor 50 Jahren verspürte, als ich mit meinem Vater die Kapelle besuchte. Die Lichtstrahlung, das durch die durchbrochenen Wände hereinflutende Licht, die Lichtgebilde in dem dunklen, höhlenartigen, fast leeren Raum hatten mich damals überwältigt. Jetzt war es kaum möglich, das Innere in aller Ruhe auf sich wirken zu lassen. Die äußere Gestalt jedoch, mit ihren Rundungen und Schwebungen, mit ihren scharfen Kanten und Spitzen, ihren Ein- und Ausrollungen, wie sie da auf dieser Erhebung, als Mahnmal des Friedens und der Einheit in der Vielfalt, in alle Himmelsrichtungen ausstrahlt, hat mich wieder tief beeindruckt.

Morgen ziehen wir weiter, denn das Wetter rät uns, die Nähe einer Stadt aufzusuchen. Ich sitze im Beifahrersitz des Busses und sehe zu, wie der Wind eine Wolkenwand nach der anderen aus der Burgundischen Pforte herübertreibt. Vielleicht nach Basel, das in etwa 60 km Luftlinie Rhein aufwärts liegt?

XXXX

Basel, wo meine beiden Brüder geboren wurden und etwa zwei Jahre lebten. Mein Bruder Georg Felix kam im August 1928, wegen Überfüllung des Kreißsaals, in der Bibliothek des Frauenspitals zur Welt. Ein gutes Jahr später folgte Peter David. Mein Vater, Ernst Meyer, war Assistenzarzt am Kinderspital. Ein französisch sprechendes Kindermädchen betreute die beiden Buben, so dass sie zuerst Französisch sprechen lernten. Meine Mutter, Marguerite Meyer-Baur, die als gebürtige Zürcherin in Lausanne und

15

Genf aufgewachsen war, eröffnete an der Weinbergstraße
in Zürich eine Kinderarztpraxis, so dass sich die Familie
nur an den Wochenenden traf. Die drei Männer folgten der
Mutter 1930 mit Kindermädchen nach Zürich, zuerst an die
Hochstraße, 1932 an die Boleystraße, um schließlich 1935
an der Stampfenbachstr. 115 eine große Wohnung zu
beziehen, in der auch die Praxis Platz fand. Kindergar-
tenbesuch gab es wie später auch bei mir nicht. Dafür
wohnten ganz in der Nähe zwei Pfarrers-Familien mit
vielen Kindern, die eine deutsch, die andere französisch,
sprechend, wo meine Brüder aus und eingingen und nun
auch mit Züridütsch vertraut wurden. Die beiden machten
alles zusammen. Georg war eher ruhig, besonnen, Peter
dagegen war ein kleines Energiebündel mit umwerfendem
Charme. Georg wurde im Frühjahr 1935, Peter ein Jahr
später in die Übungsschule des Lehrerseminars Unter-
strass eingeschult. Direkt daneben kauften die Eltern ein
großes, damals etwa hundertjähriges Haus, das sich hinter
einer riesigen Blutbuche versteckte, die der Rötel- und
Rotbuchstraße, an deren Kreuzung sie stand, auch die
Namen gegeben haben soll. Dieses Haus hat eine
frappierende Ähnlichkeit mit dem „Doktorhaus" in
Dübendorf, in dem mein Vater aufgewachsen ist. Ein
Anbau für zwei Praxisräume mit einer großen Terrasse
darüber wurde angefügt. So war reichlich Platz für Praxis
und Wohnen vorhanden. Die Erweiterung war schon fast
fertig, der Umzug ins eigene Haus bereitete sich vor: Da
infizierten sich meine beiden Brüder Weihnachten 1936 mit
Masern. Georg war danach ziemlich geschwächt und
wurde zur Erholung mit Tante Hilde aus Boppard, die
zufällig in Zürich weilte, auf die Lenzerheide geschickt.
Dort hörten die beiden Ende Januar am Telefon: Peter sei
wieder erkrankt und liege jetzt im Kinderspital. Dann

nach wenigen Tagen kam erneut ein Anruf mit der Nachricht: Peter sei gestorben. Georg solle jetzt ganz tapfer sein und nicht weinen. Peter war an einer Mediastenitis erkrankt. Das heißt der ganze Bronchialbereich und dann auch die Lungen waren total vereitert. Ein Luftröhrenschnitt konnte ihn auch nicht mehr retten. Er starb am 3. Februar 1937. Die Familie war traumatisiert.

Doch es musste weitergehen. Meine Mutter war oft krank und fast 40 Jahre alt. Zum Trauern ließ man sich keine Zeit: bald war sie wieder schwanger – der Umzug fand statt, die Praxis wurde eröffnet – und am 7. Februar 1938 wurde ich in der Klinik Hirslanden per Kaiserschnitt in diese Welt befördert. Mit meinen leicht schrägen Schlitzaugen versetzte ich meine Mutter in Angst und Schrecken: Sie dachte ich sei mongoloid. Ich bekam drei Namen: Clelia als Rufname von meinem Vater, Marguerite nach meiner Mutter und Madeleine von meinem Bruder, der heimlich für ein Mädchen dieses Namens schwärmte.

Mir wird ziemlich bald bewusst, dass ich nur auf dieser Welt bin, WEIL mein Bruder Peter verstorben ist. Sein Charme, seine Originalität, seine Fantasie, sein spitzbübisches Lachen werden immer wieder gern erinnert von allen, die ihn kannten.

Im Elternschlafzimmer stand auf einer Kommode seine Urne. Der kürzeste Weg ins Badezimmer von meinem Zimmer aus führte durchs Elternschlafzimmer und an dieser Urne vorbei. Das Gefäß aus gebranntem Ton wurde von einem indisch gemusterten Tuch bedeckt. Davor steht ein gelbes Holz-Eimerchen mit farbigen Ringen, darin der Sand und die Steinchen, womit Peter zuletzt gespielt hat. An der Urne lehnt ein großes, schwarz gerahmtes Foto, aufgenommen in den Bergen, aus dem Peter, mit einem Strauß Alpenrosen in den Händen, mich mit zusammengepresstem Mund trotzig und vorwurfsvoll anblickt. Als Kind nahm ich an, dass es üblich und normal ist, dass die Urnen von Verstorbenen im Schlafzimmer stehen – ich kannte es nicht anders. Die Urne meines Bruders Peter wurde erst beim Tod meiner Mutter 1958 zusammen mit ihrer Urne im Familiengrab auf der Hohen Promenade beigesetzt.

XXXX

Wurzelsuche und Grenzsituationen
Zweite Station: Flaach

Wir beschließen doch nicht nach Basel zu fahren, sondern mitten durch den Schwarzwald das Rheinknie plus Industrie vermeidend. Wir queren das Rheintal und halten kurz in der Europastadt Breisach, wo wir das im Krieg zerstörte, wiederaufgebaute Stephans-Münster mit seinem grandiosen Holzschnitzaltar besuchen und in einer Minirösterei einen köstlichen Kaffee trinken. Weiter geht's durchs Münstertal über den Belchen nach Bad Säckingen mit der längsten Holzbrücke in Europa, fast 300 Meter lang. Wir spazieren über die Schweizergrenze in der Mitte dieser Brücke ohne Grenz-kontrollen nach Stein hinüber und wieder zurück. Das Schengener-Abkommen ist tatsächlich in Kraft. Keine Kontrollen mehr zwischen der Schweiz und dem Resteuropa. Viele Schweizer scheinen die neue Freiheit zu nutzen um im billigeren Eurodeutschland einzukaufen. Die wenigen Geschäfte auf der Stein-Seite trocknen aus.

Bad Säckingen besticht durch einen eleganten, nicht überladenen Barockkirchenbau, der dem heiligen Fridolin gewidmet ist. Wir folgen dem rechten Rheinufer strom-aufwärts, bis wir wieder ohne jede Grenzkontrolle ins

18

Rafzerfeld und ins Zürcher Weinland einfahren. Bei Rüdlingen überqueren wir den Rhein und rollen gleich links auf den idyllisch gelegenen Campingplatz in Flaach. Wir bekommen einen Platz direkt am Rhein, pure Natur, Vogelgezwitscher noch und noch. Gelegen ganz in der Nähe von Eglisau und Berg am Irchel, den beiden Orten, aus denen meine väterlichen und mütterlichen Vorfahren ausgezogen sind, um in der Stadt Zürich ihr Glück zu suchen. Es ist schon witzig, dass meine Vorfahren aus Orten kommen, deren Kirchen in Luftlinie fünf Kilometer auseinander liegen. Ein erstaunlicher Umstand, den ich mir jetzt erst wirklich klar mache. Ich dachte meine Herkunftsfamilien stammten aus verschiedenen Kontinenten. Die Welt meiner Mutter eher unkonventionell, weltoffen, mehrsprachig, leichtfüßig, die meines Vaters pflichtbewusst, autoritätsgläubig, traditionsverhaftet, bescheiden, sparsam, eher genussfeindlich.

XXXX

Die Biografie über meinen Ur-Ur-Großvater mütterlicherseits beginnt: „Nach dem Osterfest des Jahres 1837 zog der früh verwitwete, wackere Bauersmann Jakob Baur mit seinen fünf Kindern aus der alten Väterheimat Berg an Irchel fort, wo seit Menschengedenken sein Geschlecht gewohnt, geackert und gehirtet, gerebwerkt und geholzet hatte." Mein Ur-Ur-Großvater Jakob Baur begründete eine Baumeisterdynastie, die u.a. in der Gründerzeit nachhaltige Spuren in Zürich hinterlassen hat.

Zur gleichen Zeit, in der Jakob Baur aus Berg am Irchel auszog, 1837, lebte mein Ur-Ur-Großvater väterlicherseits Wilhelm Meyer-Ott bereits in Zürich als Stadtrat und Finanzvorstand. Er war der zwei Jahre ältere Bruder von Dr. Ferdinand Meyer, Historiker, Regierungsrat und Vater

19

des Dichters Conrad Ferdinand Meyer. Ferdinand Meyer starb 1840 als sein Sohn eben 14 Jahre alt war. Die Mutter bezeichnete den Tod ihres Mannes als ihren Todesstoß und vergrub sich in ihren pietistischen Neigungen: Obwohl sie protestantisch war, ließ sie sich als Nonne malen. Die Familie zog in das Haus meines Ur-Urgroßvaters, ihrem Schwager. Conrad der eine lebhafte Fantasie besaß, konnte es seiner Mutter nicht recht machen. Von seinen poetischen Neigungen hielt sie nichts. Um mit ihm fertig zu werden, ließ sie ihn von ihrem Schwager verprügeln. Seine jüngere Schwester Betsy berichtet, dass er danach „wie gebrochen" war. C.F. Meyer hat seinem Onkel Wilhelm, meinem Ur-Urgroßvater in der Novelle „Das Leiden eines Knaben" ein Denkmal gesetzt: indem er ihn als grausamen Jesuiten Tellier porträtierte. Etwa 200 Jahre vor diesen Ereignissen sind die Meyerschen Vorfahren aus Eglisau weggezogen und haben das dortige Hirschenwappen mitgenommen und nannten sich fortan in Zürich die „Hirschen-Meyer".

XXXX

Da es am nächsten Morgen aus Kübeln gießt, ziehen wir es vor, erst mal nach Schaffhausen zu fahren und den Ausflug in die unmittelbare Umgebung zu verschieben. In Rheinau, dem vom Rhein umschlungenen Dorf mit seiner barocken Klosterinsel, hören wir schon das gewaltige, urtümliche Brausen und Dröhnen des Rheinfalls. Über eine alte Holzbrücke wechseln wir wieder zweimal unkontrolliert die Grenze. Das Groteske ist allerdings, dass wir jetzt hinter der deutschen Grenze vom deutschen Zoll inspiziert werden, mit der Begründung, dass wir ja nicht aus einem EU-Land kämen. Wir nähern uns dem weltberühmten Naturschauspiel auf der rechten Rheinseite über einen Fußweg rheinaufwärts. Man muss sich schon sehr anstrengen, die scheußlichen Umbauungen auszuklammern um von einem „Naturwunder" zu sprechen. In Schaffhausen enttäuscht uns das Museum zu Allerheiligen durch weitgehende Renovierungen. Offen ist nur die Geschichtsabteilung. Hier allerdings sehe ich die Bombardierung von Schaffhausen so dokumentiert, dass sie mir die Tränen in die Augen treibt. Ein Film der Wochenschau vom April 1944 ist zu sehen.

„Schaffhausen erlebte am 1. April 1944 einen folgenschweren Bombenangriff durch amerikanische Flieger. Um 10.50 Uhr fielen rund 500 Brand- und Sprengbomben auf das Stadtgebiet und lösten nahezu 50 Großbrände aus. 40 Menschen wurden dabei getötet, 270 wurden verletzt und zahlreiche Gebäude zerstört. Im Museum zu Allerheiligen und im Naturhistorischen Museum gingen unschätzbare Kulturgüter in Flammen auf.

Bomben mit tödlichen Folgen fielen 1944 noch auf Thayngen. 1945 auf Stein am Rhein und auf Neuhausen."

XXXX

1945 war ich sieben Jahre alt. Kurz vor Ende des Krieges fielen auch Bomben auf Zürich, ganz in der Nähe unseres Hauses, nördlich, etwa tausend Meter Luftlinie entfernt, auf Häuser links neben dem Strickhof, einem Bauernhof am Waldrand. Ich war eben dabei am Klavier auf Geheiß „Hänschen klein" 50 mal zu wiederholen, als eine gewaltige Detonation die Scheiben erklirren und mich vor Entsetzen erstarren lässt. Wir alle runter in den Luftschutzkeller - doch das Schlimmste war schon vorbei. Wir waren mit Angst und Schrecken davongekommen und pilgerten mit Schaudern zu den Zerstörungen, in denen

21

zum Glück niemand umkam. Vorerst war ich von der Wiederholungsfron am Klavier befreit.

Die Leichtigkeit mit der man heute die Deutsch-Schweizerische Grenze passieren kann, kontrastiert stark zu dem von Furcht durchsetzten Grauen, das diese Grenze mir als Kind einflößte. Da drüben auf der anderen Rheinseite war Feindesland. Ich war anderthalb als der Krieg ausbrach.

XXXX

Im August 2009: Ich bin zurück von unserer Reise und da fällt mir ein Artikel vom 15./16.August S. 38 in der NZZ in die Finger, der genau an diese Stelle passt. „Trümmerfeld und Mondlandschaft / In der ersten Phase des zweiten Weltkriegs wäre Zürich bei einem Angriff zur Frontstadt geworden – Die Verteidigungslinie wäre mitten durch die Stadt verlaufen, entlang der Limmat bis zum Escher-Wyss-Platz." „Zürich war Teil der sogenannten Limmat-Linie entlang von Walensee, Linth, Zürichsee, Limmat und Bözberg. Hinter den Truppen an der Grenze sollte sich hier eine zweite Front formieren." Die Zürcher Behörden waren entrüstet. Es waren keine Evakuierungsmaßnahmen vorgesehen! „Im Juni 1940 wandte sich der Regierungsrat an den Bundesrat. Er solle sich vor Augen führen, <was es bei den modernen Kampfmethoden bedeutet, eine Stadt mit 350000 Einwohnern ohne jede wirkliche Schutzmaßnahme für die Bevölkerung der Vernichtung anheimzugeben>".

XXXX

Unser Haus lag auf der falschen, der rechten Seite der Limmat: Es wäre „anheimgegeben" gewesen. Ich wusste

22

natürlich nichts von diesen Plänen. Aber ich habe diese Atmosphäre von Angst, Wut und Entsetzen voll mitbekommen. Noch heute fallen in meinen Träumen Bomben auf unser Haus, brennt es überall, träume ich oft von Krieg und Zerstörung. Im Juni 1940 sind meine Mutter, mein Bruder und ich mit vielen, vielen anderen aus Zürich in die Innerschweiz geflohen, wir nach Luzern. Mein Vater wollte uns in Sicherheit wissen. Er blieb in Zürich, führte die Praxis weiter. An einen menschenwimmelnden Bahnhof kann ich mich erinnern, an ein Geschiebe, Gewühle an aufgeregtes Suchen und Rufen und endloses Warten im überfüllten Zug. Nach Stunden erst kamen wir im 60 km entfernten Luzern unter: Bei meiner Tante Ida, der Tante meiner Mutter. Doch Hitler marschierte nicht durch die Schweiz nach Frankreich ein, wie befürchtet, und so sind wir dann wieder nach Zürich zurück. Doch die Angst vor einer Invasion saß uns allen in den Knochen.

Später, 1942/43 griff der Krieg noch stärker in unsere Familie ein. Mein Vater war öfter wochenlang weg. Da er mit neunzehn eine Tuberkulose durchgemacht hatte, wurde er „nur" als Hilfsarzt eingesetzt. Aber immerhin trug er eine Offiziersuniform, wenn auch ohne Rangabzeichen. Er gefiel mir in Uniform. Er war in Flüelen und in Truns am Vorderrhein im Militärdienst. In diesen Zeiten war meine Mutter allein in der Praxis. Für mich war dann noch weniger Zeit. So kam es, dass ich immer wieder ein paar Tage in Luzern war bei meiner verwitweten Tante Ida, in einem großen Geschäftshaushalt. Mein Taufpate Albert, als ältester Sohn, führte das Sanitätshaus Schubiger, der Jüngste, Armin arbeitete ebenfalls im Geschäft. Dann waren da noch drei Töchter: Meine Patentante Kläri, noch in Ausbildung als Kinderärztin, Nelly und Helen, eine leidenschaftliche Bergsteigerin. Sie alle waren noch nicht verheiratet und mehr oder weniger zu Hause. Ich fühlte mich in Luzern sehr wohl. Das 5-stöckige Haus am Kapellplatz hatte einen Lift, der wie ein offener Korb durch das Haus schwebte. Ich durfte auch in den Geschäftsräumen herum stöbern - die Praxis zu Hause, wenn Patienten da waren, war tabu – zum See war es nicht weit - bald kannte ich alle Schiffe des Vierwaldstättersees mit Namen und zeichnete sie auf dem sandfarbenen Geschäftspapier, das unerschöpflich schien. Dann gab es in der Nähe auch ein Pelzgeschäft, das einer Verwandten gehörte, mit einem Spiegelkabinett, in dem ich mich vertausendfachte und, was mich fast noch mehr entzückte: bei jedem Besuch fiel ein Pelzrestchen für mich ab. Meine Tante ging auch öfter mit mir über die Totentanzbrücke, ich wollte die Bilder immer wieder erzählt bekommen. Sie faszinierten mich sehr.

XXXX

Ich habe die Brücke erst vor drei Jahren wieder entdeckt und dabei erst realisiert, dass es in der Altstadt von Luzern zwei Holzbrücken über die Reuss gibt. Die eine ist weltbekannt. Die Spreuerbrücke (von Spreu, weil auch eine Mühle dabei war) gehört zu den ältesten noch erhaltenen Holzbrücken der Schweiz . Ich hab sie mit der berühmten Kapellbrücke in eins gesehen, aber da war ja gar kein Totentanz abgebildet, was mich sehr irritierte und an meiner Erinnerung zweifeln ließ. Nach längerem Suchen fand ich dann auch ein Buch, das den Totentanz sehr schön dokumentiert: „Die Spreuerbrücke in Luzern. Ein barocker Totentanz von europäischer Bedeutung“ Im Raeber Verlag Luzern.

XXXX

In der Küche herrschte Lyss, die mollige, bodenständige Köchin, die schon seit Jahrzehnten im Haushalt war und für das Wohl der Familie sorgte. Nach dem Mittagessen gönnte sich Tante Ida eine Zigarette und einen Kirsch. Ich war ganz hingerissen von ihren Rauchringkünsten. Sie produzierte mehrere Rauchringe, durch die sie dann einen letzten hindurch schweben ließ. Und sie tropfte Kirsch auf ein Zuckerstück in einem Silberentchen und ließ mich das „Canard" lutschen. Lauter Dinge, die in Zürich verpönt waren. In Luzern verspürte ich auch nichts vom Krieg. Es wurde nicht verdunkelt, ich merkte nichts von Rationierung, die Männer waren da. Es wurde nicht Punkt halb eins Radio Beromünster eingeschaltet und stumm die Suppe gelöffelt. Alle hatten Zeit für mich. Kurz: Luzern war herrlich.

Meine frühsten Erinnerungen betreffen meinen Bruder, meinen Vater und Käthi und spielten sich nach meinem zweiten Geburtstag ab. Käthi war im Frühjahr 40 zu uns gekommen als Praxisschwester. Käthi war jung mit strahlenden, blauen Augen und ihr mittelblondes Haar war von der weißen Schwesternhaube kaum zu bändigen. Ich erinnere mich an den Moment, als sie ankam, alle standen auf dem geräumigen Treppenabsatz im ersten Stock, es ging darum ihr das Zimmer zu zeigen, in dem sie wohnen sollte. Ich gehe auf sie zu, strecke ihr die Hand entgegen und ziehe sie zur breiten, spiralförmigen Treppe zum Estrich. Nun steigen wir gemeinsam hoch. Es geht langsam, weil ich noch eine Stufe nach der anderen erobern muss, aber ich bringe sie zu ihrem kleinen Dachzimmer. Käthi wurde sehr wichtig für mich. Sie schloss mich auch gleich in ihr Herz. Sie stammte aus Fehraltorf (bei Uster) und nahm mich öfter zu ihrer Familie mit, in der es fröhlich und unkompliziert zuging. Diese Fröhlichkeit brachte sie auch in unser Haus mit ein, soweit das möglich war. Eine Zeit lang war ihre Schwester Regine ebenfalls bei uns. Sie war zuständig für den Haushalt. Doch das war dann wohl zu viel der Fröhlichkeit. Man befand sich ja schließlich in einem Trauerhaus.

Die früheste Erinnerung an meinen Vater ist weniger schön. Es war an einem Sonntag: denn nur Sonntags stand das ganze Haus zur Verfügung. Ich spielte allein im Flur unten mit einem Nachzieh-Hündchen, wollte zur Haustür vor laufen, den Sonnenstrahlen entgegen, die durch die Gitterfenster fielen, in den Strahlen tanzte der Staub so lustig, - da kam mein Vater hinter mir her und trat auf das Tierchen, so dass der Schwanz abbrach. Die Szene brannte sich mir tief ein.

Die dritte frühe Erinnerung ließ mich um meinen Bruder zittern. Er war 12 und hatte sich beim Skifahren das Bein gebrochen. Er lag zu Hause auf seinem Bett, der Gips sollte entfernt werden, ich durfte dabei sein. Mein Vater hantierte mit der Gipsschere. Plötzlich packte mich die Panik, dass sie ihm das Bein abschneiden, und als ich dann den Gips neben dem Bett stehen sah, fing ich an jämmerlich zu heulen und war untröstlich. Keiner wusste warum.

XXXX

10. Juni: Ein wunderschöner Morgen. Ich sitze am Zürcher-Rhein, Schwäne mit sechs Jungen, Enten mit einem Dutzend Küken ziehen durch das blaugrüne Wasser- ich bin etwas verwirrt, weil der Rhein hier von West nach Ost fließt, der aufgegangenen Sonne entgegen, wo er doch eigentlich von Ost nach West fließen sollte, aber so ist es

halt beim Mäandern. Klaus ist abwaschen gegangen, ei-
gentlich wäre ich dran gewesen. Denn er will sich nach
einem Veloweg nach Eglisau erkundigen. Direkt am Rhein
führt am Steilufer entlang nur ein schmaler Fußweg. Und
ich sitze hier in der Sonne und möchte an meinem Be-
richt herum basteln, und mein schlechtes Gewissen stört
mich dabei, so dass ich nicht so recht in Gang komme.
Aber ich hab mir nun einmal vorgenommen auf dieser
Reise täglich ein paar Seiten zu schreiben, sonst wird nie
was daraus, jetzt oder nie, rechtfertige ich mich.
Doch es ist auch die Scheu vor dem, was jetzt ansteht:
Meine Beziehung zu meiner Mutter. Dieser wunde Punkt
lässt mich einmal mehr auf das weiße Blatt vor mir starren.

XXXX

Dr. med. Margaretha Louise Meyer-Baur 27.3.1897-
27.2.1958

Himmelblau und Rosenrot sind die schönsten Farben,
oftmals war man plötzlich tot, solche Leute starben.

Diesen Spruch hörte ich von meiner Mutter öfter mal; wenn
ich an meine Mutter denke, verbindet sich sehr bald dieser
Reim mit ihr. Sie konnte sarkastisch sein, spöttisch, sie
konnte gut austeilen und weniger gut einstecken. Den
Spitznamen „Mimosa", den sie aus Studentenzeiten hatte,
mochte sie nicht besonders. Meine Mutter hatte mich in
meinem ersten Lebensjahr kaum betreut, so dass ich zu ihr
auch keine wirklich innige Beziehung entwickelte. Mit
meiner Pflege wurden nach einander zwei Kinder-
schwestern beauftragt, an die ich keine Erinnerung mehr
habe. Es gibt Fotos von ihnen: die eine streng, ernst

blickend, versorgte mich die ersten Monate, die andere, freundlicher wirkend, in der warmen Jahreszeit.

Wie soll ich meine Mutter beschreiben, um ihr gerecht zu werden? Sie war sehr intelligent und sehr schwierig, und sie machte sich das Leben nicht leicht. Meine Eltern kannten sich nicht lange, bevor sie beschlossen zu heiraten. Beiden fehlte früh der Vater, beide übernahmen sie, als Älteste, früh Verantwortung für ihre ein- und zwei Jahre jüngeren Geschwister. Vielleicht war dieser Punkt das Verbindende. Mein Vater war 1926 Assistenzarzt am Bezirksspital Langenthal, als meine Mutter dort im November aus Herisau, wo sie in der Psychiatrie gearbeitet hatte, als neue Ärztin im Pelzmantel aufkreuzte. Dieser Pelzmantel brachte sie ins neidische Gerede: wie konnte sich eine junge Ärztin einen so teuren Mantel leisten. Ein Jahr später waren sie verheiratet. Mein Vater hatte die konventionelle Rollenvorstellung, dass meine Mutter sich um Kinder und Haushalt kümmern sollte, so wie seine Mutter. Das konnte meine Mutter aber nicht. Sie stammte aus einer geschiedenen Ehe, war schon früh mit ihren zwei Geschwistern bei Pflegeeltern untergebracht worden, wo sie nach ihren eigenen Worten „erniedrigt und gedemütigt" wurde. Wieder bei ihrer Mutter, in Lausanne, mit der sie sich nicht gut verstand, und die hauptsächlich theosophischen und spiritistischen Ideen nachhing, erkrankte sie an Skoliose, einer seitlichen Verkrümmung der Wirbelsäule und besuchte die Schule nicht mehr; übernahm aber die Verantwortung für Haushalt und die jüngeren Geschwister. Der Vater, neun Jahre älter als die Mutter, war fernost unterwegs: Er hieß nur der Sumatra-Baur, und hatte wohl mit der Familie nicht viel am Hut. Meine beiden Großeltern mütterlicherseits habe ich nicht kennengelernt. Der Großvater Heinrich Emil Baur starb

1928, Frida Baur-Bigler, Petitemaman, wie mein Bruder sie nannte, 1935. Jedenfalls hat meine Mutter ein – sagen wir mal – etwas gespanntes Verhältnis zum Muttersein und zur Haushaltsführung gehabt.

Sie fuhr dann mit 17 mit ihrer Schwester nach England, beide absolvierten dort eine Gartenbauschule. Nachdem sie - zurück in der Schweiz - kurze Zeit als Gärtnerin und als medizinische Laborantin gearbeitet hatte, beschloss sie mit zwanzig, in einem zweijährigen Kurs am Tschulok-Institut in Zürich, die Matura nachzuholen. Danach hatte sie in kürzester Zeit Medizin studiert und ihren Doktor gemacht. Mein Vater hatte zur Zeit der Heirat seinen Doktor noch nicht. Das Bedürfnis, den harterkämpften Traumberuf dann auch auszuüben, wollte und konnte sie wohl bei aller Liebe nicht aufgeben.

Nie habe ich meine Mutter in der Küche am Kochherd gesehen. Bis sie starb, hatten wir Küchenfeen, die bei uns wohnten und auch am Sonntag fürs Essen sorgten. Das hat den großen Vorteil, dass sich meine Kochkünste nicht an denen meiner Mutter messen müssen, und es ermöglicht mir heute, die Küche, nach anfänglichen Schwierigkeiten, obwohl ich gern koche, weitgehend meinem Mann zu überlassen, der in seiner vorigen Ehe immer nur zuarbeiten durfte. Ich kann es manchmal sogar genießen bekocht zu werden. Auch die anderen üblichen weiblichen Rollenklischees hat sie mir nicht beigebracht. Dafür habe ich von ihr auf frühen Bergwanderungen viele Blumen und Kräutlein kennengelernt, die Liebe zur Natur hat sie mir eingepflanzt. Ich fürchte mich weder vor Mäusen noch vor Spinnen, Spinnennetze begeistern mich geradezu. Ich liebte die Blindschleichen und Kröten und Igel in unserem Garten. Mein erster Berufswunsch war dann auch Tierärztin. Meine Mutter war überhaupt nicht eitel, es war ihr ziemlich egal, wie sie herum lief. Als kleines Mädchen hab ich mir manchmal gewünscht eine besser angezogene, „hübschere" Mutter zu haben und mich gleichzeitig für diesen Wunsch geschämt. Auf Fotos sieht man sie so gut wie nie lachen. Das lag aber auch an einer operierten Hasenscharte und sehr schief stehenden Zähnen. Und der leichte Buckel, der von der Skoliose herrührte, ließ sie auch älter aussehen, als sie war. Sie strahlte nichts Mütterliches aus, wohl etwas Bekümmertes, nichts Kaltes, aber Distanz und Skepsis. Ein Kollege von mir, der als Kind Patient meiner Eltern war, gestand mir, dass er sich vor meiner Mutter fürchtete, meinen Vater dagegen liebte. Er war sicher kein Einzelfall. - Ich möchte kurz auf das Chaos eingehen, das meine Mutter als Jugendliche erlebte, auch weil sich einiges bei mir wiederholte. Ich weiß davon aus Notizen. die sie 1955 geschrieben hat. Eine Psychologin, mit der sie im Gespräch war, hat sie zu diesen Aufzeichnungen angeregt. Von ihr selbst hab ich nur gehört, dass ihre Kindheit nicht glücklich war. Schon als Kind, vor allem nach einem Umzug nach Genf und damit auch in eine neue Schule, fühlte sie sich als Außenseiterin, von niemandem verstanden. In Genf tauchte dann auch ein dubioser, französischer Abbé auf, Theosoph und Hauslehrer, dem ihre Mutter angeblich verfallen war. Sie schickte die drei Kinder allein nach Südfrankreich und verbrachte die Ferien mit diesem Abbé in einem Heim für Buddhisten. Alles, was dieser Mann tat und sagte, war wunderbar. Dieser Abbé erteilte meiner Mutter auf ihrer Mutter Geheiß u.a. auch Geigenunterricht, er zwang sie mit ihm Duo zu spielen und schlug sie mit einem Lineal auf die Finger, wenn sie Fehler machte. Sie hasste diesen Mann, hasste dieses Spielen. Und doch verschwieg sie alles ihrem Großvater und Vormund gegenüber, um ihre

Mutter nicht bloß zu stellen. In ihrer Verzweiflung beschloss sie dann hungers zu sterben, aber niemand bemerkte, dass sie abnahm, bis sie dann so erkrankte, dass sie eines Morgens nicht mehr gehen konnte: Sie war gelähmt. Ein kluger Arzt erkannte das krank-machende Milieu und sorgte dafür, dass sie zu ihrem Großvater nach Bern kam, und nach 10 Wochen Behandlung war sie geheilt. Danach kam die schon erwähnte Zeit in England. Was wurde aus ihren jüngeren Geschwistern? Ihre Schwester Elsi, eine Frohnatur, bei der ich mich in Lausanne oft sehr wohl fühlte, heiratet bald einen Kunstmaler, bekommt drei Knaben, lässt sich scheiden, zieht allein die Kinder groß, und stirbt betagt in einem Altersheim in Bern. Bruder Max, ein begabter Ingenieur bringt sich mit 34 Jahren wegen Liebeskummer um.

XXXX
Vom Rhein zur Rhone: Dritte Station Mörel

Über Berg am Irchel – dem properen Dorf meiner mütterlichen Vorfahren, das sich um die kleine Kirche schart, mit einem Wildschwein im Wappen und einem ehrlichen Pinot Noir „Dä vo Berg" von dem wir uns eine Flasche besorgen, verlassen wir den Camping „Steubis-allmend" und den gemächlich dahinziehenden blaugrün-blauen Rhein. 1919 ist er unterhalb Eglisau gestaut worden und dadurch siebeneinhalb Meter angestiegen, ein imposanter Strom, fast wie in Köln. Um mit dem Velo nach Eglisau zu kommen, sind wir gestern in einem weiten, steil ansteigenden Bogen übers Rafzerfeld gefahren. Wir belohnten uns abends mit einer Bootsfahrt zurück auf diesem, von bewaldeten Steilufern begrenzten, fast unberührten Stromabschnitt. Der junge Schiffer, der

uns freundlich mit dem Einschiffen der Fahrräder half,
klärte uns auf über die horrenden Grundstückspreise in
dem schönen Eglisau. Er wolle heiraten und müsse dann
leider aus Eglisau wegziehen.

So kutschieren auch wir weiter, hoch über dem Rhein,
dann ein Stück der Töss entlang, um im Verkehrsmoloch
Zürich jegliche Orientierung an Flüssen zu verlieren. Wir
wursteln uns irgendwie durch meine Vaterstadt, erwischen
die Reuss, folgen ihr bis Luzern unter immer drohenderen
Himmeln, kriechen über den Brünig und begleiten die
junge Aare bis in ihr Quellgebiet. - Unweit von Erftstadt,
unserem, an der Erft gelegenen Wohnort südwestlich von
Köln, entspringt eine Ahr, – in Blankenheim, einem
schmucken Städtchen, in dessen Eifelmuseum wir öfter zu
tun haben.- Das Wetter wird immer mieser. Oben auf dem
Grimselpass ist es schaurig. Der Nebel wabert nieselig
herum, hohe Schneewände warten auf den nächsten
Winter, so dass ich „meine" Schneeeule, die ich vor drei
Jahren in ihrem Gehege fotografierte, und die mich auf
meinen Laptop fast täglich begrüßt und verabschiedet,
nicht besuchen konnte. Wir fahren ins Quellgebiet der
Rhone hinunter, der Himmel klärt sich auf. Das köstliche
südliche Licht scheint auf die traurigen Reste des
Rhonegletschers und blendet uns. Der schäumende
Rotten begleitet uns bis Mörel, wo wir uns an seinem Ufer
niederlassen. Eine Gruppe Schwarznasen-Schafe erfreut
uns mit ihrem Gebimmel , das im Branden und Brodeln der
jungen Rhone fast untergeht. Vom Camping-Platz aus,
den wir schon kennen, sehen wir über den Rotten hinweg
auf die verkehrsreiche Talstraße, dahinter liegen die
Gleise des Glacier-Express, die Gondeln zur Riederalp,
von all diesen potentiellen Lärmquellen hören wir nichts.

XXXX

32

Auf der Riederalp war ich mit meinen Eltern im Sommer 1953, drei Jahre nach der ersten Operation meiner Mutter. Im Kleinhirn hatte sich ein mandarinen-großer Tumor gebildet, der ihr von Herrn Professor Krähenbühl, der neurochirurgischen Koryphäe, im Kantonspital Zürich entfernt worden war. Leider hat er dabei den Hörnerv zerstört, was auch zu einer Facialislähmung führte. Als 22-jährige war sie als Folge von Mumps bereits auf dem einen Ohr ertaubt. Jetzt 1950 im Alter von 53 Jahren war sie völlig taub! Mit keinem Hilfsmittel konnte sie auch nur einen Ton aus der Außenwelt vernehmen. Sie hörte nur noch ihre eigenen, sie grauenhaft peinigenden und plagenden Ohrgeräusche. Vor der Operation litt sie über Jahre unter stärker werdenden Gleichgewichtsstörungen und zunehmender Schwerhörigkeit. Das fing an, als ich acht bis neun Jahre alt war, operiert wurde sie, nachdem mein Bruder das zweite medizinische Examen bestanden hatte. Vorher wollte sie sich nicht operieren lassen. Ich war nun 12 Jahre alt. Es begann für uns alle eine schwierige Zeit. Meine Mutter realisierte, dass sie nie mehr würde praktizieren können. Sie fühlte sich minderwertig, nutzlos, überflüssig. Es wurde total problematisch mit ihr zu kommunizieren. Das ging eigentlich nur schriftlich. Sie gab sich große Mühe von den Lippen ablesen zu lernen. Sie besuchte immer wieder Kurse. Wir wiederum bemühten uns langsam, präzis und ausdrucksvoll Mund, Lippen und Zunge zu bewegen, übten mit ihr immer wieder. Ziemlich erfolglos. Sie versuchte sich im Haushalt nützlich zu ma-chen, an der eben angeschafften Waschmaschine. Da es nicht ihrer Neigung entsprach, mit zweifelhaften Ergeb-nissen. Mein Vater sah großzügig über die rosenroten Praxismäntel hinweg. Für sie war dies jedoch ein weiterer Beweis ihrer Nutzlosigkeit. Ihre Jeremiaden begannen uns zu nerven. Unsere manchmal durchbrechende Ungeduld, ihr an Verfolgungswahn grenzendes Misstrauen, (alle sprechen nur über sie), ihre Depressionen, schufen eine Atmosphäre, die nur schwer zu ertragen war.

Dagegen liebte sie die Berge – hatte vor der Ehe mit ihrer Schwester viele Touren gemacht – einmal sogar zu Fuß von Linthal bis Zweisimmen – die Ferien in den Bergen taten uns allen gut. Auf der Riederfurka wohnten wir in dem kleinen alten Hotel, auf der „Passhöhe", von wo man leicht kleine Wanderungen mit ihr in Richtung Riederhorn oder Aletschwald riskieren konnte. Mein Vater entspannte sich beim Malen. Zeichnen, Malen war sein Ding, am liebsten in freier Natur. So saß er denn stundenlang malend am Aletschgletscher, der damals vom Hotel aus in zwanzig Minuten zu erreichen war.

XXXX

Vor drei Jahren war ich mit Klaus auf der Riederfurka. Das Hotel ist verschwunden und der Gletscher fast. Wir mussten zwei Stunden wandern um ihn entfernt zu sehen. Ich muss da nicht noch einmal hin! Wo ich auch nicht mehr hin muss ist Saas-Fee, das ich auch mit Klaus 2006 besuchte. 1954 war ich mit den Eltern im Sommer da. Ein zwar großer aber doch trotzdem noch beschaulicher Ferienort. Und jetzt? Ich war entsetzt!

XXXX

Damals hatte ich meinen ersten und einzigen 4000er bestiegen. Das Allalinhorn. Wegen schlechten Wetters, das sich dann aber besserte, bin ich mit Bergführer und vier weiteren Kraxlern erst um fünf von der Hütte aufge-

34

brochen, so dass der Abstieg über den weich gewordenen Schnee schon recht mühsam war. Aber das Gipfelerlebnis! Die Weite der Himmelskuppel über mir. Es schwebten - zum Teil unter uns, einzelne Wolken herum, und die Sicht war einfach überwältigend, zum süchtig werden. Mein Urbergerlebnis als dreieinhalbjährige auf dem Schilthorn bei Mürren lebte wieder auf. Ich löste mich von meiner damals noch heilen Familie und lief die letzten Meter allein hoch und stand oben allein, ganz klein, in einem Meer von Himmel, Wolken und Bergen.

XXXX

Am 12. Juni zeigt sich ein wunderschöner frischer Morgen. Habe von Überschwemmungen, Stürmen, feuchtnassen Tunnel-Durchquerungen zwischen vorbei rauschenden Zügen geträumt. Jetzt sitze ich im Beifahrersessel und sehe auf den gischtenden Rotten und die lautlos das Goms auf und abwärts fahrenden roten Züge. Klaus hat im Dorf zum Frühstück Walliserbrot gekauft, und dann auf dem Rückweg musste er erleben, wie ein Reisebus aus Fürstenfeldbruck, der noch schnell unter den Barrieren durch wollte, vor der geschlossenen zweiten Schranke zum Stehen kam. Was tun? Lähmender Schrecken, Hilflosigkeit. Der Bus konnte sich dann so nah an die Absperrung hin manövrieren, dass der bereits heran schnaufende Zug, der nicht mehr hätte bremsen können, knapp an seinem Hinterteil vorbei rauschte. Klaus hatte sich schon vorsorglich zurückgezogen, falls es krachen sollte. Wie den älteren Herrschaften im Bus wohl zumute war? Der Bus fuhr mit ihnen einfach weiter!

XXXX

Mein Vater: Dr. med. Ernst Meyer-Baur
26.3.1899 - 4.11.1963

Eigentlich hätte ich ihn gerne geliebt.

XXXX
*Als ich diesen Satz schrieb, lebte Hugo Loetscher noch
und sein Buch „War meine Zeit meine Zeit" mit dem Satz
über seinen Vater „Er war ein Mann, den ich gerne gern
gehabt hätte." war noch nicht erschienen. Dennoch lasse
ich diesen Satz stehen.*
XXXX

Eigentlich hätte ich ihn gerne geliebt. Er sah gut aus mit
seinem markanten Gesicht, den graublauen Augen, den
schwarzen Haaren, die ich allerdings nur grau und mit
mehr oder weniger Glatze erlebt habe. Er trug oft Hut,
hatte einen guten Hutkopf. Es gibt Fotos, wo er mich als
Säugling liebevoll im Arm hält. Bewusst erlebt habe ich ihn
als Kleinkind vor allem als strengen Erzieher. Ich musste
ihm beichten, wenn ich etwas ausgefressen hatte. Er war
aufbrausend, öfter rutschte ihm die Hand aus. Ich war 16,
als er das letzte Mal drohend auf mich zu kam. Da musste
ich einfach nur lachen. Fortan ließ er es sein. Manchmal
hatte er auch einen Kosenamen für mich. Dann war ich die
„Busle". Für ein Mädchen war ich eher wild. Sobald ich
konnte, kletterte ich auf Bäume. Noch lange liebte ich es,
oben auf meinem Kleiderschrank zu hocken und dort zu
lesen. Das war nicht gern gesehen. Wenn es aber galt die
obersten Früchte im hohen Birnbaum zu ernten, waren
meine Kletterkünste gefragt. Ich kletterte auch gerne aufs
Dach und saß rittlings auf dem First und sang, bis
Nachbarn in der Praxis anriefen, und mein Vater wütend

hoch kam und mich von der Terrasse her herunter beorderte. Dass eine Strafe dann fällig war, war mir schon klar. Oft wurde ich in mein Zimmer eingesperrt bei geschlossenen Fensterläden. Es gab auch Dinge, die ich nicht einsah: so durfte ich nicht mit den Praxiskindern spielen, nicht mal mit ihnen sprechen. Bei schönem Wetter saßen sie vor dem Haus auf den Bänken. Auch nicht am großen Brunnen, der zwischen Eingangsbereich und Garten stand, durfte ich mich aufhalten. Wenn ich dabei erwischt wurde, war ebenfalls Wegsperren angesagt. Dann packte er mich an den Zöpfen und zerrte mich an den Kindern vorbei ins Haus. Ich heulte vor Scham und Wut. „Auf der Straße spielen" war auch verboten. Kindergarten war nicht standesgemäß. Auf diese Weise wuchs ich eher ungeübt im Umgang mit Gruppen von Gleichaltrigen auf. So kam es, dass ich oft allein spielte, mich mit mir allein unterhielt. An Langeweile kann ich mich nicht erinnern. Begeistert baute ich Autos mit den Blechkonstruktionskästen meiner Brüder. Oder wühlte mich durch den Sand, baute Burgen und Berge, grub Bäche und Teiche, untertunnelte und überbrückte. Oder ich besuchte den Schuhmacher ein paar Häuser weiter und schaute ihm bei der Arbeit zu. Oder den alten Uhrmacher am nahen Schaffhauserplatz, der gab mir einen alten Wecker zum dran herum schrauben, herrlich! Am Schaffhauserplatz wohnte auch Cosima, Tochter des beliebten Frauenarztes Dr. Alfred Bucher und der vornehmen Lizeumsdame Frau Dr. Rosa Bucher von Grüningen. Aus dem „Durchlaucht" das sie mir beibringen wollte, wurde eine „Verknobelte Madame". Cosima war drei Wochen älter als ich, ein zartes blondes Mädchen, das oft krank war und natürlich auch nicht in den Kindergarten ging. Seit wir zwei Jahre alt waren, spielten wir zusammen, wenn sie gesund war. Mit ihr spielte ich auch mit Puppen. Man kann nicht sagen, dass die Mütter befreundet waren, dazu waren sie zu unterschiedlich. Man kannte sich, man besuchte sich hin und wieder. Frau Rosa tat so, als schätzte sie meinen Vater als Maler. Von meiner Mutter hörte ich öfter den Spruch: „Wie der Affe zur Grimasse und der Hund zum roten Haar, kommt die Frau zum Doktortitel und das find ich wunderbar" ohne dies speziell auf's Roros zu beziehen, wie Cosima ihre Mutter nannte. Ihren Vater nannte sie Papa Lili. Aus irgend einem Grund gingen Cosima und ich später auch nicht in die gleiche Schule. Nach der Primarschule verschwand sie dann in einem Internat im Unterengadin.

Mein Vater war mit Leib und Seele Arzt. Für seine kranken Kinder war er immer da. Durch die dünne Schiebetür, die unser Esszimmer von einem der Praxisräume trennte, hörte ich neiderfüllt, wie geduldig er selbst mit schreienden Kindern umging. Bei Notfällen an Sonntagen oder praxisfreien Donnerstagen durfte ich ihm manchmal helfen und fühlte mich dann sehr gut.

Die Patienten liebten ihn auch. Und eine Patientenmutter liebte ihn ganz besonders: Madame Odette Dinner. Sie schlich sich in unsere Familie ein. Mit etwa sechs wurde ich nachmittags immer öfter zu ihr geschickt. Sie hatte eine zwei Jahre jüngere Tochter. Da Madame Dinner aus Paris nur Französisch sprach, lernte ich nebenbei „parler français", lernte sogar auf französische Art zu stricken. Sie war eine sehr ordentliche Frau mit sehr schöner Schrift und die abgeschabten Pantöffelchen meines verstorbenen Bruders Peter zeichnete und malte sie so akkurat, dass mein Vater nicht anders konnte als sich in sie zu verlieben. Da stand er nun da, der arme Mann mit zwei Frauen und einer immer renitenter werdenden Tochter; er, der in seiner Studentenzeit „der Heilige" genannt wurde, weil er, vor meiner Mutter, nur Augen hatte für sein Mikroskop. Ende März 1899 geboren, war er der erste Sohn des Dübendorfer Arztes Dr. Ernst Meyer-Rolle, dessen Vater Dr. Wilhelm Meyer, ein Cousin von Conrad Ferdinand Meyer, auch schon Arzt in Dübendorf war. Mein Großvater Dr. Ernst Meyer-Rolle heiratete die Berner Fabrikanten-Tochter Albertine Rolle, eine hübsche, zarte, ordentliche Frau. Ein gutes Jahr später als mein Vater, wurde Bruder Walter und im Dezember 1901 Schwester Maria geboren. Als mein Vater vierzehn Jahre alt war, erkrankte sein Vater schwer an Tuberkulose. Er hatte sich bei einem seiner Patienten angesteckt. Er kam nach Davos-Clavadel ins Sanatorium, wo er zwei Jahre später starb. Er verpflichtete seinen Ältesten, quasi als Familienoberhaupt, auf die Mutter und die Geschwister aufzupassen.

Die Mutter meines Vaters reagierte auf den Tod ihres Mannes ähnlich wie Conrad Ferdinand Meyers Mutter: Der Tod des Mannes sei ihr Todesstoß. Fortan trug sie hochgeschlossene schwarze Kleider, im Trauerhaus durfte nicht mehr gelacht werden. Es wurden keine Kinder zum spielen eingeladen. Äußerste Sparsamkeit war angesagt. An mein einziges Großelternteil, das ich kannte, meine Großmama, habe ich keine wärmenden Erinnerungen. Sie strahlte nichts Lebendiges aus. Die ersten Jahre kam sie jeden Samstagnachmittag zu uns, später besuchte man sie am Samstagnachmittag im Bürgerasyl an der Leonhardstraße. Sie saß da in ihrem hochgeschlossenen, schwarzen Kleid, lächelte vor sich hin. Es roch so seltsam und ich fühlte mich beklommen: Ich wusste nicht, was ich sagen sollte, es war nur bedrückend. So bald es ging, verschwand ich und besuchte im anderen Flügel zwei entferntere Verwandte: Onkel Henri und Tante Emma

Kambly. Hier roch es nicht nach Kampfer, hier fühlte ich
mich wohl. Später habe ich Großmama nicht mehr
regelmäßig besucht. Sie starb, als ich 15 war. Meines
Vaters Schwester Maria, Tant´Aja, wie ich sie taufte, hat
nie geheiratet. Sie lebte mit ihrer Mutter zusammen, bis
diese ins Bürgerasyl kam. Sie wurde Fürsorgerin und
später Zentralsekretärin der Pro Infirmis. Für Ihre Lebens-
arbeit wurde sie mit dem Ehrendoktor der Universität
Zürich geehrt. Sie war äußerst sparsam, sehr korrekt, kam
mir als Kind fast unnahbar vor. Je älter ich wurde, desto
mehr schätzte ich sie, wir schrieben uns zeitlebens oft. Sie
starb 1982. In ihrem Nachlass fanden sich alle meinen
vielen Briefe und Karten. Onkel Walter wurde Sekundar-
schullehrer im Kanton Bern, heiratete eine Frau, die den
Kontakt zwischen den Brüdern durch Aufrechnen der
Studienkosten und Neidnörgeln verdarb. Die Ehe blieb
kinderlos. Er starb ein Jahr nach seiner Schwester 1983.

Zur Zeit des zweiten Weltkriegs

's ist Krieg! 's ist Krieg! O Gottes Engel wehre,
Und rede du darein!
's ist leider Krieg! - Und ich begehre
Nicht schuld daran zu sein.
(Matthias Claudius)

Der Hintergrund meiner frühen Kindheit war KRIEG. Bald
brandete und tobte er um die ganze Schweiz herum. Die
Lebensmittel wurden rationiert. Es gab Lebensmittelkarten
für alle Grundnahrungsmittel. Im Januar 1941 und 42 gab
es „Heizungsferien" d.h. die Schulen wurden geschlossen.
Meine Mutter, mein Bruder und ich fuhren nach Il Fuorn

auf den Ofenpass in ein Hotel, in dem ihr Vater oft logiert hatte, und das als Selbstversorger noch keine Rationierung kannte. Es gab Butter so viel man wollte. Zu Hause wurde die Zentralheizung eingestellt und kleine Öfen in Betrieb genommen. Im Wohnzimmer, das zwischen meinem Zimmer und dem Elternschlafzimmer lag, stand ein kleiner Eisenofen, der mit Sägemehl beheizt, bullig heiß wurde. Auf jedem Fleck Erde wurde etwas angebaut. Sogar die Tram-Inseln wurden bepflanzt. Unser großer Garten wurde zum Gemüsegarten umgerüstet. Meine Mutter als Gärtnerin kam da zum Einsatz. Auf der Südseite des Hauses wurden Topinambur angepflanzt. Unter dem großen Birnbaum wuchsen Kartoffeln. Aus Rübenkraut wurde ein Brotaufstrich hergestellt, den ich nicht besonders mochte. Salat, Stangenbohnen und Gurken, Tomaten, Zucchinis wucherten um Kunigunde herum, die zusammen mit Philipp, zwei Rokoko-Figuren, Überreste aus herrschaftlicheren Zeiten, sich wunderten, wo die Blumen blieben. Wasser für den Garten hatten wir reichlich. Der große Brunnen speiste sich aus eigener Quelle am nahen Käferberg. Dazu gehörte auch die kleine Brunnenstube unter dem Magnolienbaum. Dort hauste eine goldäugige Kröte, die ich auch schon mal auf den Kartoffelsack im Keller setzte um die Köchin zu schrecken. Ich wartete dann gespannt auf den spitzen Schrei. Als ich vier bis sechs war, wuchs der oberen hohen Buchenhecke entlang auch Mais, in dem ich mich gut verstecken konnte, und der dann im obersten Estrich zum Trocknen hing und Mäuse anzog. Was wiederum zu einem seltsamen Sonntagsvergnügen führte. Mein Bruder hatte, wie es sich für einen Schweizerbub gehört, ein Luftgewehr. Am Sonntag jeweilen stand uns immer das ganze Haus zur Verfügung. Der etwa zwölf Meter lange Korridor wurde zum Schießstand. Hier übte er fürs Knabenschießen und brachte auch mir bei mit dem Gewehr umzugehen. Als die Mäuse dann überhand nahmen, legten wir uns im Dachgeschoss unter den Maiskolben auf die Lauer, d.h. ich lauerte nur, er schoss. Ein paar mal war auch der Vater mit von der Partie. Ein bis zwei Mäuse mussten damals schon das Leben lassen. Die habe ich dann in meinem Tierfriedhof, eingehüllt in Hortensienblätter, begraben. Auf der Treppe zum obersten Estrich war auch eine Maismühle befestigt. Damit wurden die reifen Maiskörner gemahlen zu Polentamais und ganz feinem Maismehl. Außer im Schießen unterrichtete mich mein Bruder Georg auch in anderen nützlichen Dingen. So konnte ich bald pfeifen wie ein Junge, Velofahren, Nonsens-Gedichte aufsagen wie „Dunkel wars der Mond schien helle, schneebedeckt die grüne Flur, als ein Wagen blitzesschnelle langsam um die runde Ecke fuhr" lange bevor ich verstand , was ich da im einzelnen sagte. Auch meinen ersten lateinischen Spruch, verdanke ich ihm: „Dicurante bissi vilsi filofi rorum". Mein Vater war immer wieder wochenlang weg. Mal hatte er Dienst in Flüelen, mal in Truns. Eine Zeitlang wurde meine Mutter von meiner Patentante Kläri in der Praxis unterstützt. Mein Bruder hat als 14 jähriger einen Hilferuf an unseren Vater geschrieben, den ich zufällig in meinen Familienunterlagen über all die Jahre aufbewahrt habe. Er konnte sich nicht mehr an diesen Brief erinnern, als ich ihn an seiner achzigsten Geburtstagsfeier vorlas.

< Zürich, den 4. 1. 1943

Lieber Papi!
Es ist gut, dass Du bald wieder heimkommst: Eine solche Misswirtschaft und Krise daheim habe ich schon lange

nicht mehr gesehen. Heute hat sie den Höhepunkt erreicht, und ich muss mich etwas erleichtern, indem ich Dir schreibe, ob erlaubt oder nicht.

-- Heute hat es die halbe Nacht durch geschneit. Folge: Am Morgen natürlich fünf bis zehn Zentimeter mehr Schnee. Mama ist ungefähr um vier Uhr eingeschlafen. Am Morgen erwache ich durch ein Geschnatter und Geschimpf von Mama und Kläri. Mama will sie überreden, dass sie (Kläri) das Auto benütze und sie selbst das Velo, es schneie ja nicht. Kläri verbietet ihr aber das Fahrrad zu nehmen und widerspricht ihr wegen dem Schnee.

Nachdem ich in den Morgenrock geschlüpft und runtergegangen bin, seh ich schon wie Käti und Kläri das Auto gegen den Brunnen hin stossen. Also kann ich Mama höchstens noch vor dem Velofahren abhalten und tue es. Kläri fährt ab, natürlich nachdem Mama den Wagen angelassen hat. Mutti möchte nämlich wissen, wie viel Patienten Kläri während eines Morgens „fressen" kann. Ich nehme das Morgenessen zu mir und gehe ins Bett, da ich immer noch Fieber habe. Mit der Überzeugung, dass Mami nicht mit dem Velo gehe, denn es fängt wieder an zu schneien, und dass Kläri ihre blauen Wunder noch grün und gelb erfahren werde, schlafe ich ein und erwache erst zwanzig Minuten nach Zwölf. Ich stehe auf und begebe mich nach der Stube um die Nachrichten zu erfahren. Unterwegs erblicke ich Muschi am Telefon und höre, wie sie zu jemandem sagt, er solle wenigstens den Ersatzpneu zu Ruegg bringen, damit er nicht gestohlen werde. Ungeduldig erwarte ich Mama im Esszimmer und frage sie, als sie endlich kommt, was Kläri wieder verloren habe? "Die Autoschlüssel" ist die Antwort. Ich denke jedoch, es sei Spaß, aber sie wiederholt es. Dazu hat sie den halben Morgen verputzt , um die Schlüssel zu suchen und nicht zu finden. Du kannst Dir denken, wie viele Besuche sie gemacht hat. Nach und nach erfahre ich aber noch, dass meine Mutter im Schneegestöber mit dem Velo umher gestreift ist und weiß nicht wie viel Mal umgefallen ist! Für Fräulein Doktor Klara Schubiger ist es, meine ich noch nicht genug, zweimal ihre Handtasche vermisst zu haben, und für Mama war die Warnung von Dir gestern und von mir heute noch ungenügend! Bei Tische erfährt Mama noch von einem Besuch, den sie schnell hätte erledigen sollen, der ihr aber nicht nachtelefoniert worden ist, und bei der zweiten Hälfte des Mittagessens löst sich die Zunge der Schwester und es entsteht abermals ein Patient, den sie jedoch der Fräulein Doktor nach berichtet hat, wobei Mami einige Male vor dem Haus vorbei geradelt ist. Statt dessen muss Deine arme Frau den Besuch noch vor der Sprechstunde untersuchen, wobei sie ganz kaputt ist und nicht mehr kann. Am Nachmittag muss sie sich selbstverständlich allein abquälen, während Fräulein Doktor vielleicht um vier, fünf Uhr erscheinen wird. Ich weiß nicht, wie es mit den Ferien kommen wird. Entschuldige mich bitte, dass ich Dich mit diesem blödsinnigen Briefe so erschreckt habe. Beruhige Dich aber; es hat keinen Sinn sich aufzuregen.

Bist Du gestern gut heim gereist? Wie ist das Wetter bei Euch? Hier in Zürich wird der Schneefall ab und zu durch den Wind in seiner Ruhe gestört.

Das Hauptquartier meldet von gestern Abend: Nochmaliger schwacher Angriffsversuch; er wurde jedoch abgewiesen. Der Feind ist endgültig besiegt.

Hoffentlich geht es Dir wieder gut. Bald sehen wir uns wieder. Auf Wiedersehen.

Viele herzliche Grüsse sendet Dir Georg >

Ich war etwa so alt wie in diesem Brief, noch nicht 5, als ich meine Mutter fürchterlich beschimpfte. Der Heizkörper im Badezimmer sollte gestrichen werden. Ich wollte helfen. Ich hatte schon eine Schutzschürze angezogen und einen Pinsel in der Hand. Sie wies mich ab: Dazu sei ich noch zu klein. Das erboste mich derart, dass ich angestrengt nach dem übelsten Schimpfwort suchte, das mir einfallen konnte. Endlich fauchte ich sie an: „Du Nazi." Das wurde dann auch entsprechend gewürdigt. Aber das war mir egal: Ich war meine Wut losgeworden.

Im gleichen Winter heiratete mein Patenonkel Albert in Luzern. Zu diesem Anlass durfte ich eine Berner-Tracht anziehen. Ich war sehr angetan von den silbernen Ketten, die mein schwarzes Samt-Mieder schmückten. Und die weißen langen Spitzenhandschuhe fand ich sehr vornehm. Es war ein rauschendes Fest mit Tanz und Musik und ich wurde immer müder und müder; ich kämpfte dagegen an, dass mir die Augen zufielen. Am nächsten Tag wurde ich ziemlich krank. Ich bekam Keuchhusten und Scharlach und lag wochenlang abgeschieden im Bett. Mein Vater war wieder weg. Ich hatte Angst vor den Spritzen, die mir meistens die Kläri verabreichte. Mein Bruder durfte nicht in mein Zimmer, damit er seine Klasse nicht ansteckte. Ein paar mal kam ein anderer Kinderarzt Dr. Resch, den fand ich ganz lieb. Er hat wohl auch den Bronchitiskessel angeordnet, der mir gut tat. Davor und danach habe ich sämtliche Kinderkrankheiten durchgemacht, die es gibt. Eigentlich kein Wunder. Unsere Küche und das Ess-zimmer befanden sich im Parterre. Letzteres war, wie gesagt, nur durch eine Schiebetür von einem Praxisraum abgetrennt. Gegenüber lag das Wartezimmer. Punkt halb eins stand die Suppe auf dem Tisch, um halb zwei oder noch früher kamen die ersten Patienten. Es gab keine

Terminvergabe. Je früher sie kamen, umso eher waren sie dran. Patienten mit ansteckenden Krankheiten wurden im Esszimmer von den anderen isoliert. Mit dem Essen musste man sich beeilen, denn bis spätestens halb zwei sollte alles aufgeräumt und gelüftet sein. Bald war das ganze Parterre voller Patienten. Manchmal saßen sie auch in den zwei Sesseln im Flur neben dem Telefon. Das heißt: Bis unser schwarz-weißer Kater, den ich mit acht bekam, und der sehr ausfallend werden konnte, mindestens einen der Sessel für sich beanspruchte. Jedenfalls war ich nach dem Geschirr abtrocknen und einräumen bald aus dem unteren Stockwerk verschwunden. Übrigens mussten auch meine Brüder an der Stampfenbachstraße, um in die Wohnung zu gelangen, durch die Praxis hindurch.

Benzin war natürlich auch rationiert. Für den Praxiswagen – einen Fiat Topolino - wurde hinten ein Karbidkessel aufgesetzt und damit fuhr das Auto. Der Wagen, den mein Vater kurz vor dem Krieg gekauft hatte, ein schwarzer Desoto, stand während des Krieges in der Garage und rostete vor sich hin. Als er nach 1945 wieder für Ferienfahrten in Betrieb genommen wurde, ging ihm die Puste aus. Regelmäßig fing er auf den Pässen an zu kochen. Der „schwarze Panther" wie wir ihn nannten, packte es nicht mehr.

Butter (oder schweizerisch Anke, mein Vater legte großen Wert darauf, dass wir Anke sagten) gab es für die sechsköpfige Mannschaft an der Rötelstraße 200 Gramm pro Woche. 100 Gramm am Sonntag zum Frühstück und 100 Gramm am Donnerstag Abend zum Café Complet. Jeder bekam einen Sechstel zugeteilt. Ich ging ganz sparsam mit meinem Teil um und zehrte noch am nächsten Tag davon, bewahrte ihn auf einem Moccatellerchen im Kühlschrank auf.

Die in der Familie bereits genetisch verankerte Sparsamkeit wurde durch den Krieg noch verstärkt. Bloß nichts wegwerfen, wer weiß wofür man es noch gebrauchen kann. Wenn meine Mutter ein Pferdefuhrwerk vorbeifahren hörte, ließ sie nachschauen, ob vielleicht Pferdeäpfel zu ernten waren. Es kam vor, dass sie im weißen Praxismantel „Rossbölle" einsammeln ging. Oft fuhr sie mit dem Fahrrad auf Praxistour. Noch heute fällt es meinem Bruder und mir schwer Dinge wegzuwerfen. Sobald es dunkelte, wurden die Fensterläden geschlossen, oder, wo man schwer an die Läden herankam, wie z.B. im Badezimmer über dem W.C., wurden lichtundurchläßige, schwarze Vorhänge zugezogen. Im Estrich waren Sandsäcke aufgestapelt und Gasmasken lagen bereit. Mein Vater hatte Reis auf Vorrat gekauft, der noch weit übers Kriegsende hinaus reichte, ebenso Fischkonserven; eine Zeitlang hätten wir jeder Belagerung standgehalten. Doch dazu kam es nicht: Am achten Mai 1945 läuteten die Glocken, wir bekamen schulfrei: Der Feind war besiegt.

Aber in der Familie kriselte es immer mehr. Meine Käthi hörte auf bei uns zu arbeiten. Plötzlich war sie weg und mir war, als wäre das Licht ausgegangen. Meine Mutter ließ zu, dass Madame D. immer mehr Raum einnahm. Die Sommerferien 1946 z.B. verbrachten wir gemeinsam; d.h. sie mit der sechsjährigen Tochter, ich mit den Eltern in Bivio: Wir alle logierten im Hotel Post. Es herrschte Hochspannung, die mit förmlicher Höflichkeit zugedeckt wurde. Zu dieser Frau gehörte auch ein Mann - Onkel Fritz,- der zuhause blieb und das Geschehen genau so duldete wie meine Mutter. Zu der Zeit fing ich auch an schlecht einzuschlafen und entwickelte eine kleine Zwangsneurose. Ich musste jeden Abend mehrmals nachsehen, ob alle Türen zugeschlossen waren, und ob niemand unter dem Bett, Schrank oder Nachttisch steckte. Es half nichts, dass ich mir klar machte, wie unsinnig mein Verhalten war. Niemand bemerkte etwas.

Zur gleichen Zeit fing mein Kinderglauben an mir abhanden zu kommen. Zur Samichlaus-Zeit 1945 war alles noch in Ordnung: mein Sündenregister wurde vorgetragen, ich sagte mein Verslein auf. Aber der Samichlaus beschloss ein Exempel zu statuieren und steckte mich in den Sack und schleppte mich bis zum Gartentor. Ich schrie und heulte, schluchzte, hatte panische Angst zu ersticken. Nein, nicht in den Wald, japste ich. Ich schwor immer brav zu sein. Endlich setzte er mich ab und ließ mich raus. Ich verkroch mich irgendwohin. Etwas später fand ich auf dem Estrich in einem Schrank gut versteckt das rote „Kostüm" des Samichlaus mit dem wallenden Bart und Schnurrbart. Mir war schlagartig klar, dass meine Mutter ihn gespielt haben musste. Sie war an dem Abend nicht da gewesen. Wohlweislich sagte ich nichts, denn es war ja auch verboten, neugierig in Kisten und Kästen herumzuwühlen.

Vielleicht stammt von diesem Schock der Keim meiner Anschauung und Überzeugung, die ganze Menschenwelt sei ein riesiges Theater, in dem wir unseren Part zu spielen haben. Um dieses Globetheatre zu verstehen, und in ihm überleben zu können ist es von Vorteil, sich in möglichst viele Rollen und Sichtweisen hinein zu versetzen und sie notfalls auch zu spielen. Jedenfalls war die Welt des „Lieben Gottes" erst mal entzaubert, Samichlaus, Christkind und Osterhase entlarvt und als Handlanger der Erziehung und Disziplinierung erkannt.

XXXX

Besuch des Rilke Grabes in Raron am 14. 6. 09

Rose oh reiner Widerspruch
Lust
Niemandes Schlaf zu sein
Unter soviel Lidern

Ein strahlender Tag: Wir beschließen Rhone abwärts bis Raron zu radeln, dort die Burgkirche und das Rilke-Grab zu besuchen und dann mit dem Zug wieder zurück zu fahren. Doch bevor wir starten, muss ich versuchen Klaus' Brille zu reparieren. Gestern fiel im heftigen Wind die Kaffeekanne auf das sündhaft teure, randlose, angeblich unzerbrechliche Stück. Ein Glas zersprang dennoch an dem Bohrloch für den Bügel. Die drei Teile liegen vor mir. Pattex Blitzkleber ebenfalls. Wenn es nicht gelingt, müssen wir versuchen eine Ersatzbrille zu besorgen, irgendwie. Es gelingt! Der Bügel hält! Die Sicht ist nur am oberen Rand etwas eingeschränkt. Erleichtert schwingen wir uns auf die Räder. Bis kurz vor Brig begleitet uns der wilde Rotten, der dann aber bald, eingekeilt zwischen zwei, mit mächtigen Steinblöcken befestigten Dämmen, sichtlich gebändigt und gezähmt, seiner Verwandlung in die Rhone entgegen strömt. Auf der nach Brig breiter werdenden Talsohle ist mehr und mehr Industrie angesiedelt. Die Radroute ist zwar ausgeschildert, aber nicht eindeutig. Sie verzweigt sich, so dass wir sie verlieren und uns durch die Industriekacke kämpfen müssen. Dazwischen immer wieder Landwirtschaft. Jetzt tauchen die ersten Weinberge am Hang auf, und wir finden auch wieder auf den Radweg zurück, der die nun voll kanalisierte Rhone begleitet. Es wird richtig heiß, und ein heftiger Gegenwind kommt auf. Es geht zwar Rhone abwärts, doch wir müssen ordentlich

treten um voran zu kommen. Die Heißluft droht uns
auszudörren. Endlich taucht vorne rechts die Kirche von
Raron auf ihrem Felsvorsprung auf. Mit dem Ziel vor
Augen sind die letzten Kilometer bald geschafft. Der Ort
wirkt wie ausgestorben. Kaum Touristen da, obwohl es
Sonntag ist. Wir erholen uns in der kühlen Felsenkirche,
einer Wallfahrtskirche unterhalb des Rilke-Kirchleins. Ein
paar Tausend Kubikmeter wurden dafür aus dem Berg
gegraben, ist zu lesen. Sie imponiert durch ihre Größe,
trifft aber nicht unseren Geschmack.

Hier unterbricht mich Klaus beim Schreiben mit einer
köstlichen Zwiebelsuppe mit Zucchini, die er gezaubert
hat. Ich genieße es schon sehr, so verwöhnt zu werden.

Wir lassen unsere Räder unten an der Felsenkirche stehen
und steigen bei sengender Hitze zur Burgkirche mit ihrem
kleinen Friedhof hoch. Wir hatten vor 10 Jahren unsere
Hochzeit mit dem Rilke-Gedicht angekündigt:

Immer wieder, ob wir der Liebe Landschaft auch kennen
und den kleinen Kirchhof mit seinen klagenden Namen
und die furchtbar verschweigende Schlucht,
in welcher die andern
enden: immer wieder gehn wir zu zweien hinaus
unter die alten Bäume, lagern uns immer wieder
zwischen die Blumen, gegenüber dem Himmel!

Ich hatte das Gedicht ausgewählt, es gefiel Klaus auch
sehr gut, obwohl er keinen besonderen Draht zu Rilkes
Gedichten hat. Sie sind ihm zu abgehoben. Mir hat Rilke in
meiner schwierigen Zeit von fünfzehn bis neunzehn viel
bedeutet. Ich sinnierte so lange über seinen Grabspruch,
bis ich meinte, ihn verstanden zu haben. Viele seiner 50

Gedichte konnte ich auswendig; ich habe sogar einmal ein
Referat über ihn gehalten.

Selbst heute noch gehen mir manchmal Zeilen von ihm durch den Kopf. Jetzt stehe ich zum ersten Mal in Raron an seinem Grab und es lässt mich kühl, obwohl es sehr heiß ist. Als wir dann die Gedenktafel der Raroner an der Kirchenmauer lasen, worin sie dem deutschen Bundeskanzler Helmut Kohl für seinen Besuch der Gedenkstätte untertänig danken, mussten wir herzlich lachen.

XXXX

Das Haus meiner Eltern und Schulzeit

Zu meinem Elternhaus, ich meine zu dem Haus mit Garten, in welches ich hinein geboren und groß geworden bin, und in dem die drei Kinder meines Bruders aufgewachsen sind, und in welchem mein Bruder mit seiner Frau heute noch lebt, zu diesem Haus habe ich ein ganz eigenartiges Verhältnis. Ich träume sehr viel, immer noch, und viele meiner Träume spielen sich in diesem Haus ab. Mein Traumleben ist in diesem Haus verwurzelt.

Mein Vater hat das Haus 1936 von jüdischen Mitbürgern gekauft, denen es in der Schweiz nicht mehr sicher genug war. Das habe ich allerdings erst vor kurzem von meinem Bruder erfahren. In den vielen Jahren, in denen ich in der Bundesrepublik lebe, in denen ich fünf mal umgezogen bin und nun auch schon über dreißig Jahre in meinem Haus in Erftstadt wohne, ist es mir nicht gelungen dieses Haus als Kulisse meiner Träume und Albträume loszuwerden.

In diesem Haus erlebte ich auch meinen ersten tiefgehenden Trennungsschmerz. Im Frühjahr 1945, nach meinem ersten Schuljahr, war Käthi plötzlich nicht mehr

da. Ich wusste zwar, dass jemand Neues für die Praxis kommt, aber was das heißt, dass SIE nicht mehr da ist, wusste ich nicht. -
Jetzt erst, beim Korrigieren, merke ich, dass ich ganz vergessen habe, zu berichten, dass ich im Frühling 1944, wie meine Brüder, in die Übungsschule des benachbarten Seminars eingeschult worden bin. Die drei Klassen im Raum fand ich ganz spannend. Ich ging gern zur Schule. Käthi brachte mich anfangs hin und holte mich ab, wenn ich nicht durch das Loch im Zaun zwischen Schule und Haus schlüpfte. Sie tröstete mich, wenn ich mir den Finger in einer Schranktür blutig klemmte. Sie weckte mich, flocht jeden Morgen meine langen Zöpfe ohne mich zu ziepen. - Meine Mutter frühstückte meist im Bett. - Käthi vermittelte mir, dass sie Zeit für mich hatte, selbst im ärgsten Praxisgetümmel. Und nun war sie einfach nicht mehr da. Ich vermisste sie sehr. Zu dieser Zeit wurde für mich die Schule gewechselt. Ich wusste auch nicht warum. Ich fühlte mich wohl, wo ich war. Ich kam also im zweiten Schuljahr ins städtische Schulhaus Letten in eine schon seit einem Jahr bestehende Klasse und war „die Neue". Dazu mit dem seltenen Namen CLELIA , dazu von Oben und aus dem Doktorhaus. Im Letten waren viele Arbeiterkinder, ich war anders als die andern. Die meisten liefen im Sommer barfuß. Mir war das verboten. Ich zog Schuhe und Strümpfe aus, sobald ich zum Tor raus war, versteckte sie im Hainbuchenhag an der Auffahrt. Die Lehrerin „s'Frölein Wettstei", eine unverheiratete, ältliche Frau, war sehr streng und unterstrich ihre Autorität mit einem schwarzen Holz-Lineal mit Messingkanten. Ich habe das Ding auch ein paar mal zu spüren bekommen. Man musste die offene Hand hinhalten, wenn man sie zurück zog, gab's noch eins drauf. Ich saß in der ersten Reihe und

zog mit beiden Zeigefingern die Augenwinkel auseinander, weil ich so besser an die Tafel sehen konnte. Das hatte ich mir wohl im ersten Schuljahr angeeignet, wo es aber niemandem auffiel. Hier fiel es auf. Es dauerte aber noch, bis jemand auf die Idee kam, meine Augen prüfen zu lassen. Und siehe da: Ich war stark kurzsichtig, hatte auf beiden Augen bereits vier Dioptrien. Und nun wurde mir eine Brille verpasst, die jede Schönheits-Konkurrenz gewonnen hätte. Eine Nickelbrille, mit runden Gläsern, deren Umfassung mit einem dunkelbraunen Überzug geschützt wurde. Die Bügel legten sich biegsam um die ganzen Ohrmuscheln, so dass das Ganze garantiert beim Turnen und Klettern nicht runter fiel. Ich sah aus! Und hatte meinen zweiten Spitznamen weg: Neben „Chlechue" auch „Brülleschaggi".

Kurz: ich fühlte mich in dieser Schule, dieser Klasse nicht wohl. Die Lehrerin, die niemand leiden konnte, war oft krank, so kam im dritten Schuljahr eine Vertretung, eine verheiratete Frau, die mich mochte, und ich blühte wieder etwas auf. Sie nahm mich auch öfter mit zu sich nach Hause und einmal sogar für ein Wochenende nach Arosa, wo sie eine Wohnung hatten. Sie nahm sich meiner an, erkannte wohl, dass ich nicht blöd war. Auf der einen Seite war ich ein wildes Kind mit Freude an Bewegung, ich lernte schnell gut Skifahren, Schwimmen, auf der anderen Seite wurde ich immer geduckter, schüchterner, ging mit gesenktem Kopf und hängenden Schultern, wusste nicht was ich, und wie ich es sagen sollte, ich hatte einfach keine Übung im sozialen Umgang, zog mich mehr und mehr in mich und meine Traumwelt zurück. Mit Sprüchen wie „Zerscht dänke, dänn rede" wurde meine Spontanität gedeckelt. Das vierte Schuljahr verbrachte ich noch im Letten bei einem, militärische Disziplin fordernden, jüngeren Lehrer zufällig auch mit dem Namen Wettstein.

Ab dem achten Jahr hatte ich auch Klavierunterricht bei einem Fräulein Julie Schwarz, die am Zanggerweg unterrichtete. Eine merkwürdige Person, die von Zeit zu Zeit beim Vorspielen Krämpfe bekam und dann zu ihrem Kanarienvogel am Fenster lief und auf ihn einredete. Ich sollte dabei weiterspielen und nicht drauf achten. Zu Hause übte meine Mutter mit mir. Das heißt, sie saß neben mir mit einem schwarzen Holz-Lineal mit Messingkanten und bei jedem falschen Ton gab es eins auf die Finger. Die Übungsstunden endeten meist mit Tränen. Ich ging etwa drei Jahre zu Fräulein Schwarz. Seltsam: als meine Mutter mehr und mehr ertaubte, und sie ihre Korrekturen deswegen einstellen musste, fing das Klavierspiel an mir mehr Spaß zu machen. Später hatte ich Unterricht am Konservatorium und an einer privaten Musikakademie. Aber Vorspielen vor Publikum blieb für mich ein Horror. Die Angst mich zu verspielen, sitzt mir heute noch im Nacken. Am liebsten spiele ich für mich, wenn keiner mir zuhört.

XXXX

Von der Rhone zum Ticino: Vierte Station Lago Maggiore

Die reparierte Brille hat den ersten Tag gut überstanden, wir vertrauen darauf, dass das weiter so bleibt, und so entschließen wir uns über den Simplon an den Lago Maggiore zu wechseln. Ich sehne mich nach einem See.

Die zweite bemerkenswerte Unbill in diesen Ferien überfällt uns im Centovalli, für uns beide Neuland. Nach der Mittagspause hoch über einem fjordartigen See mit berauschendem Blick in die verblauenden hundert Täler, sind wir wieder auf der engen Straße unterwegs, halten knapp am Abgrund um eine unsichere Lady mit ihrem Gefährt durch zu winken, als uns plötzlich Weingeruch in die Nase sticht. Klaus fährt, ich schnuppere und sehe wie in der grauen Stoffverkleidung über und neben dem Seitenfenster weinrote Flecken erscheinen, die sich schnell ausbreiten. Wir erinnern uns an den Rotwein, den wir in Eguisheim gekauft und im Schrankfach über dem Cockpit verstaut hatten, um ihn unserem Nachbarn als Dank für Katzen- und Pflanzenpflege mitzubringen. Und nun rinnt der schöne, teure Wein in unzugängliche Hohlräume! Ich wühle im Schrankfach herum, vielleicht lässt sich noch ein Schluck retten. Doch die Flasche, die ich endlich erwische, ist schon leer. In der Hitze auf dem Camping im Wallis muss der Korken sich gelockert haben. So gut es geht, tupfe und sauge ich mit Haushaltspapier den Wein auf. Der Verkehr nimmt zu. Klaus kann nur Schritt fahren. Anhalten können wir auch nirgends. Also weiter aufsaugen, abtupfen, aufsaugen. Kaum angekommen auf dem uns schon bekannten Zeltplatz direkt am Strand, stürze ich mich das erste Mal in diesem Jahr ins Wasser. Schwimme hinaus. Herrlich. Abends sitzen wir am Ufer des Langensees unweit der Mündung des Ticino, entspannen uns bei einer Flasche Dôle. Rechterhand fängt die Illumination von Locarno an über den See zu blinken, vor uns liegt das Maggiadelta, dahinter erscheinen die Lichter von Ronco und des Monte Verita, über allem der Abendhimmel rosarot und himmelblau, kaum zu glauben.

Am nächsten Morgen ist Klaus mit dem Rad unterwegs nach Locarno. Ich wäre gerne mitgefahren, denn es ist ein traumhaft schöner Radweg, immer dem Ufer entlang, doch ich diszipliniere mich: ich habe mir vorgenommen zu schreiben. So sitze ich wieder vorne am See. Ein Bach strudelt und gurgelt über Steinstufen und überspielt mit seinem Plätschern die Flug- Boot- Tennis- und Dampfwalzengeräusche. Erinnerungen steigen hoch .

XXXX

Ich sehe mich mit Georg etwa neun- und achtzehnjährig in einem Pedalo von Ascona nach der Insel Brissago strampeln, der Rückweg ist ziemlich anstrengend. Wir sind öfter zusammen Boot gefahren. Zuhause hatten wir ein Gummiboot aus Armeebeständen, mit dem wir zwei auf dem Greifensee herum ruderten und die Glatt hinab trieben. Schon damals war ich fasziniert vom Wasser. Georg war und ist lieber auf oder neben dem Wasser als drin. Ich bin eine Wasserratte. Je tiefer je besser. „Schwimm nicht soweit hinaus" höre ich dauernd von Klaus. Meinen Traum: Hinaus schwimmen in den Golf von Neapel, habe ich vor sechs Jahren realisiert. Als ich zurückschwamm, packte mich die Angst von einem Boot überfahren zu werden. Mit elf bin ich mit Cosima über den Zürichsee vom Utoquai in die Enge geschwommen. Auf dem Rückweg konnte sie nicht mehr, keine Kraft mehr. Ich rief um Hilfe und ein Ruderboot nahm sie auf. Zu Hause beichtete sie, und ich war diejenige, die sie dazu angestiftet hatte. Ich war wieder einmal schuld.

Aber Cosima verdanke ich auch die Versorgung mit verbotenem Lesestoff. Und da hat sie mich nicht verraten. Karl May war in meinem Elternhaus Schund. Sie hatte so an die zwanzig Bände. Unter dem Pullover schmuggelte ich einen nach dem andern in mein Versteck im Estrich. Ein altes Sofa stand in der Ecke unter einer Dachluke, davor ein weiteres Sofa beladen mit Kissen und Matratzen: Ein ideales Versteck für Leseratten. Wären sie nicht verboten gewesen, hätten sie mich sicher bald gelangweilt. So las ich zehn bis zwölf dieser Schinken.

Verboten waren aber auch Bücher, die in den Bücherregalen in der zweiten Reihe standen und damit für mich eine besondere Anziehungskraft hatten. Ich erinnere: „Ich wählte die Freiheit" des russischen Autors Kravtchenko und „Der Fall Maurizius" von Wassermann. Wahrscheinlich nicht die passende Lektüre für eine Zehnjährige. Ich las auch alles, was mein Bruder als Kind, Jugendlicher gelesen hat. Lederstrumpf, die Turnachkinder, Alice im Wunderland, Onkel Toms Hütte, Tom Sawjer, Huckleberry Finn, etc. und natürlich die Globi-Hefte und Globi-Bücher, die bei uns im Wartezimmer herumlagen. Bücher ersetzten mir mehr und mehr die eher spärlichen Kontakte. In der Familie passierte im Alltag wenig Gemeinsames. Jeder zog sich nach dem Abendessen in sein Zimmer zurück. Ausnahmen waren immer wieder die Ferien.

Cosima war aber auch wichtig, weil sie einen Hund hatte, einen Neufundländer. Zu gern hätte auch ich einen gehabt. Mein Zimmer hatte ich mit einem Fries Hundefotos aller möglichen Rassen geschmückt. Oft bin ich nur hin um mit Appalach, so hieß er, spazieren zu gehen. Hund nicht aber eine Katze wurde erlaubt. Schwester Olga, die Nachfolgerin von Käthi, erzählte von einem Wurf junger Kätzchen, und nach langem Bitten und Betteln bekam ich das Letzte Übriggebliebene, ein Katerchen, mit schwarzem Rücken und weißem Bauch. Ich war stolz darauf für ihn zuständig zu sein und nannte ihn Fido. Er wuchs zu einem wilden Kerl heran, dem selbst die Kastration fast nichts anhaben konnte. Er blieb oft über Nacht weg. Man hörte ihn dann mit andern Katern singen. Um den Vögeln eine Überlebenschance zu geben, hing ich ihm eine Glocke um. Er liebte es im Kohlenkeller herum zu streichen und sich dann unter dem Bettüberwurf auf das weiße Duvet zu kuscheln. Abends überraschte dann der schwarze Abdruck auf der schneeweißen Decke. Von mir ließ er sich beinahe alles gefallen. Beim zweiten Tierarztbesuch war er eine Katastrophe: Er raste die Vorhänge hoch, zerriss sie dabei und fauchte wie ein Irrer, biss und kratzte, wenn man ihn greifen wollte. Es war nichts zu machen, ich musste mit ihm wieder nach Hause. Wenn er ernsthaft krank war, hat meine Mutter ihm eine Spritze verpasst. Er blieb 12 Jahre bei uns. Weihnachten 1958 ist er und blieb verschwunden. Viele Katzen folgten ihm, nicht unmittelbar, aber seit mein Sohn drei Jahre alt war, immer wieder, und noch immer gehe ich bei ihnen in die Lehre. Nicht nur zu einer Katze verhalf mir Schwester Olga sondern auch zu einem hervorragenden neuen Lehrer. Sie selbst war bei ihm zur Schule gegangen, und so kam ich in der fünften Primarklasse ins Turner Schulhaus zu Dr. Paul Müller. Keine Tapen, keine Ohrfeigen, er konnte begeistern, die meisten hatten Freude am Lernen. Ich blühte wieder auf, wollte Tierärztin werden, doch dafür musste man aufs Gymnasium. Ich war bald in der kleinen Gruppe, die sich auf die Aufnahmeprüfung vorbereitete. Wir bemühten uns, Prüfungsaufgaben der Vorjahre zu lösen. Ich war noch nicht zwölf, als ich voller Angst und tief beeindruckt von dem monumentalen Bau auf der Hohen Promenade, den ersten Anlauf da hinein zu kommen, versiebte. Nur zwei aus der Klasse, haben es geschafft.

Die meisten gingen auf die Sekundarschule. Ich besuchte zwei Jahre ein Privatgymnasium neben der Kirche Oberstrass. Auf einer Privatschule zu verbleiben, war in unserer Familie eigentlich undenkbar. Mein Bruder war auf der Kantonschule gewesen, also musste, wollte ich auf die HöTö (Höhere Töchterschule der Stadt Zürich). Diesmal

schaffte ich die Hürde der Aufnahmeprüfung und stieg im
Frühjahr 1952 in die 2 A auf der Hohen Promenade ein,
wieder in eine schon seit einem Jahr bestehende Klasse,
aber immerhin war es mein Jahrgang. Es fiel also nicht auf,
dass ich wiederholte. Mein Selbstbewusstsein hatte sich
inzwischen außerhalb der Schule gestärkt: Ich war
begeisterte Pfadfinderin, hatte schon alle möglichen
Prüfungen und Spezialexamen absolviert und leitete eine
größere Gruppe. In den Sommerferien war ich zum ersten
Mal allein unterwegs zu deutsch-jüdischen Freunden der
Familie, die in Amsterdam den Holocaust überlebt hatten.
Er war Kunsthistoriker, beides liebenswürdige, großzügige
Menschen, sie hatten uns in Zürich schon öfter besucht
und mich nach Amsterdam und auf die Insel Terschelling
eingeladen. Eine Zeit wie ein Juwel in meiner Erinnerung.
Ich blieb noch lange Jahre mit ihnen in Verbindung bis sie,
nach dem Tode ihres Mannes mir ankreidete, dass ich
einen Deutschen heiratete. Ich konnte es verstehen, aber
der Kontakt brach ab. Auf der Rückreise blieb ich in Köln
hängen. Ich hatte im Zugbegleiter gelesen, dass der Zug
20 Minuten Aufenthalt habe. Also stieg ich aus, um mir
etwas Essbares zu kaufen. Mein Wagen hielt außerhalb
der Halle. Ich gehe neben der Bahn her, sehe die dunklen,
tristen Ruinen hinter den Gleisen, drehe mich in dem
Moment um, als der vordere Teil des Zuges, mit meinem
Wagen und meinem Gepäck darin, sich Richtung Süden
auf und davon macht. Ich starre entsetzt auf das große
rote Schlusslicht, das immer kleiner wird. Das gibt es doch
nicht! Was mach ich bloß hier auf dem Kölner Haupt-
bahnhof mitten in Deutschland mit meinem Portemonnaie
in der Hand ohne Pass und Gepäck. Auch das Billett ist
ohne mich unterwegs. Bloß jetzt nicht los heulen, danach
zumute ist mir! Ich mache mich auf die Suche nach einer

roten Mütze, und schildere dem Beamten darunter mein Missgeschick. Er hört mich ruhig an. Und meint dann, am Besten: meine Sachen würden vor der Schweizergrenze aus dem Zug geholt und mir dann dort in Basel am Badischen Bahnhof übergeben. Er wolle das veranlassen. Er suchte mir dann auch eine Zugverbindung heraus, so dass ich mit einmaligem Umsteigen in Mannheim sicher in Basel landete und tatsächlich wieder zu Pass und Koffer kam. Dank diesem Kölner Engel verlief mein erstes Abenteuer auf deutschem Boden glimpflich. Gleichzeitig erlebte ich hautnah, dass nicht alle Deutschen finstere Nazis waren.

Mein Bruder war zu der Zeit noch zu Hause und bereitete sich auf das Staatsexamen vor. Die Schule machte mir mäßig Spaß. Ich fuhr nun, wenn das Wetter es zuließ, mit meinem Velo die Rämistrasse hinunter, schlängelte mich an den sich stauenden Autos vorbei, denn ich war oft spät dran. Ich sah zu, dass ich nicht beim gleichen Lehrer zu oft zu spät kam. Es herrschte ein ziemlicher Leistungsdruck und es wurde mächtig ausgesiebt. Nach drei Jahren blieben noch zehn von zwanzig Mädchen übrig. In der Parallelklasse ebenfalls. Also wurden die beiden Klassen vereint. Das passte beiden Gruppen nicht. Dadurch kam es bis zuletzt zu keinem Zusammenhalt, zu keinem Wir-Gefühl. In wenigen Fächern war ich sehr gut, in anderen schlecht bis mittelmäßig. Frau Dr. Elisabeth Brock-Sulzer, die ich sehr schätzte, meine Französischlehrerin, machte bei meiner kranken Mutter einen Hausbesuch und ich nehme an, dass ich in ihr im Lehrerkollegium eine Fürsprecherin hatte. Das Bröckli, wie wir sie nannten, war für mich der Lichtblick an dieser Schule. Sie prägte mich mit dem Satz: An der Résistance, am Gegensätzlichen, am Widerstand stärke und übe sich der menschliche Geist. Ich sah in ihr eine leidenschaftliche, lebendige, teilnahmsvolle, aufrichtige Frau, die keineswegs von ihrer Unfehlbarkeit überzeugt war. Sie war auch eine streitbare Theaterkritikerin. Außer meinem Bruder habe ich es auch ihr zu verdanken, dass ich die mir so verhasste Schule durchgehalten habe. Bei ihrem Mann nahm ich freiwillig Philosophie-Unterricht. Ich habe zwar vieles nicht wirklich verstanden, aber es faszinierte mich. Die Teilnahme am diesem Unterricht wurde auch nicht benotet.

Meine Mutter wurde Anfang Juli 1957 zum zweiten Mal im Gehirn operiert. Der Tumor war, was Professor Krähenbühl ausgeschlossen hatte, nachgewachsen, zur Zeit der sechsstündigen Operation orangengroß. Der Professor suchte erst drei Stunden lang vergeblich nach einem neuen Tumor auf der anderen Seite, dann wechselte er auf die ursprüngliche Seite und fand die faustgroße Geschwulst!! Mein Vater hatte den Professor schon vor einem halben Jahr konsultiert, ihm meine Mutter vorgestellt, als die Gleichgewichtsstörungen wieder stark zugenommen hatten. Er hörte von der Koryphäe sinngemäß: Das sei unmöglich, dass ein Tumor, den er operiert habe, wieder nachwachse. Also waren die Veränderungen doch „nur" psychisch. Als ich vom 10.-12. Juli einen Teil der schriftlichen Matura hinter mich brachte, war meine Mutter immer noch nicht aufgewacht. Ich bin dann in den Ferien mit dem Fahrrad nach Meilen in die Hütte meiner Tante gefahren, um aus der Situation zu Hause raus zu kommen. Hier schreibe ich am 21. Juli über den Zustand meiner Mutter:
<Sie ist bis jetzt noch nicht zu sich gekommen. Sie öffnet zuweilen die Augen, nickt auch ganz schwach, drückt uns die Hand. Aber es ist ein entsetzlich hoffnungsloser

Zustand, und man sieht dabei kein Ende ab. Wenn ihr nur das Ganze nicht bewusst wird! Wenn sie nur keine Schmerzen mehr verspüren muss. Ich hoffe, dass sie sterben kann, baldmöglichst, bald, dieses menschenunwürdige Dasein nicht länger fristen muss! Vielleicht ist das egoistisch, furchtbar egoistisch gedacht, doch was ist ein menschlicher Körper ohne Geist, ohne Gefühl, ohne Sinne. Ohne hören zu können, war ihr Leben ja schon jahrelang sehr reduziert! Und Jetzt! Nur knapp auf der Lebensstufe gehalten zu werden mit mechanischen Mitteln, kaum mehr als zu vegetieren!! Das alles ist so schrecklich, dass man sich mit aller Gewalt hindern muss, daran zu denken. Also gleichgültig? Nein, aber bescheiden sein, demütig, sich nicht gegen dieses unwürdige Los aufbäumen wollen. Vielleicht spürt sie ja doch noch, wenn einer von uns ihr die Hand hält.? >

Immer wieder ist einer von uns hingegangen, hat ihre Hand gehalten. Wenn sie die Augen öffnete, haben wir Plakate mit großgeschriebenen Wörtern hingehalten, haben sie angesprochen, obwohl sie uns nicht hören konnte. Nach den Sommerferien folgten die weiteren schriftlichen Prüfungen und im September die mündlichen. Am 18. September hielt ich das Eidgenössische Maturitätszeugnis in der Hand und meine Mutter war immer noch nicht aufgewacht. Es sollte noch fünfeinhalb Monate dauern bis sie am 27. Februar 1958 sterben durfte. Sie war gerade sechzig Jahre alt. Wir haben sie nach Hause geholt und im blauen Salon aufgebahrt und von ihr Abschied genommen. Jeder für sich und auf seine Art. Sie hatte sich für ihre Beerdigung „Jesus, Joy of Man's Desiring" von Bach gewünscht, gespielt von Dinu Lipatti, ihrem Lieblingspianisten. Vielleicht, vielleicht konnte sie jetzt, nach langer, langer Taubheit wieder hören. Sie liebte Bach.

Neue Horizonte am Pfauen

Wichtiger als Schule waren für mich meine außerschulischen Tätigkeiten. Neben der Pfadfinderei eröffneten sich mir am Pfauen im Schauspielhaus neue Horizonte. Mit dreizehn war ich zum ersten mal im Pfauentheater und sah Maria Stuart und die Iphigenie mit Maria Becker. Dann erlebte ich den Prinzen von Homburg mit Will Quadflieg. Das war die Initialzündung. Ich war infiziert. Ich las Kleist, lernte Passagen auswendig. Ich las die ganzen Klassiker, die wir zu Hause hatten. Mit meiner deutschen Klassenkameradin Anneliese sprach ich alsbald nur noch hochdeutsch. Ich war öfter bei ihr zu Hause, einer Professorenfamilie aus Frankfurt mit vier Kindern, bei der es recht lebhaft zuging. Dadurch wurde mein Deutsch immer besser. Wir standen oft am Pfauen an der Abendkasse und ergatterten für wenig Geld einen Klappsitz. Wir sahen fast alle aufgeführten Stücke. Mit etwa siebzehn wurde mein Wunsch Schauspielerin zu werden so stark, dass mich nicht einmal meine gebrochene Nase, die ich mir mit sechzehn beim Turnen an den Ringen zugezogen hatte, davon abbringen konnte. Ich war mittlerweile mollig, hatte Pickel im Gesicht, war stark kurzsichtig, konnte mich nicht leiden. Kurz: Die Pubertät hatte mich voll im Griff. Ich hab damals ein Tagebuch geführt in einem schwarzen Schulheft.

XXXX

Dieses Heft, das ich immer noch habe, hat mir während der Pubertät meines Sohnes sehr gute Dienste geleistet. Ich konnte nach der Lektüre viel besser damit umgehen. Vielleicht hilft es mir auch meinen eigenen Gemütszustand von damals besser zu verstehen. In Erinnerung habe ich

XXXX

<7. September 1955: Ich hatte einen mich seltsam an-
mutenden Traum gehabt. Abends war ich sehr spät zu
Bette gegangen, hatte noch im Meister gelesen und schlief
dann endlich gedrückt und bedrängt ein. Mit Anneliese und
einem mir unbekannten anderen Mädchen spazierte ich
die Allee hinauf gegen das Schulhaus zu. Ich erging mich
eben über ein Thema, das mich sehr vorteilhaft erscheinen
ließ, ich war ganz selbstzufrieden. Da sah ich von Ferne
Pfarrer Rilliet stehen. *(Der Pfarrer, der mich mit 16 in der
protestantischen französischen Kirche in Zürich konfirmiert
hatte. Nach der Konfirmation war ich nicht mehr zur Kirche
gegangen).* Ich spürte einen Drang ihn grüßen zu gehen,
denn es schien mir, sich gut zu machen einen Bekannten
zu treffen und mit ihm Französisch zu sprechen, zumal ich
auf meine Aussprache stolz war. Da er mir näher kam, ließ
ich eine ähnliche Bemerkung fallen wie: „Da ist ja einer
unserer Pfarrer, ich muss ihn doch begrüßen gehen." Die
beiden blieben stehen um auf mich zu warten. Mit
Selbstvertrauen aufgeplustert, näherte ich mich ihm und
begrüßte ihn in französischer Sprache, indem ich eine
selbstgefällige Miene aufsetzte. Das heißt, ich setzte sie
nicht auf, sie war der Ausdruck meines Inneren. Er, in eine
Betrachtung versunken, fuhr auf, sah mich an und fragte:
„Qui êtes-vous?" Ich, erstaunt, nannte meinen Namen mit
leichter Entrüstung im Tone. Er betrachtete mich
wiederum, schien sich dann zu erinnern. Ich war sehr

beschämt über sein schlechtes Gedächtnis und fühlte mich durch ihn vor meinen Freundinnen bloßgestellt. Mit einem gönnerhaften Lächeln wollte ich mich von ihm kehren und gemeinsam mit meinen Freundinnen meinen Weg fortsetzen, doch diese waren schon weitergegangen. Er rief mich, zögernd schaute ich ihn an, senkte aber dann meinen Blick. Seine warmen braunen Augen hatten mir einen unerwarteten Stich versetzt. Alles um mich her fing an zu wanken; ich sah, wie nichts in mir und um mich Bestand hatte, als er nun gar anfing, von Gott, Jenseits und Ewigkeit zu sprechen. Nicht, dass mir mein sinnloses Leben vor Augen kam, so ganz plötzlich, ich belächelte auch bei mir seine Worte, dennoch wurde mir unheimlich beklommen zumute, ich schaute ängstlich um mich, ein Ahnen erfüllte mich von etwas, was höher als alles mir bisher Bekannte war; ich fühlte jedoch, dass es nicht nur in seinem Glauben sei, nicht nur und nur teilweise in der Religion, von der er eindringlich zu mir sprach, sondern im Menschsein. Ein Ahnen von etwas Hohem, ja fast Heiligem durchzog mich, und ich wollte mich daran fest-klammern, als er auch schon zu Ende gekommen war. Ein Schweigen trennte uns, endlich fragte er, was ich dazu zu sagen habe. Ich jedoch hatte gar nicht zugehört, ich schwebte noch immer in jener Höhe, in die er mich ver-setzt hatte. Durch diese Frage rief er mich zurück. Meiner selbst nicht mehr Herr, unsicher, stammelnd, begann ich Entschuldigungen vorzubringen, einen geplanten Kirchen-besuch, aber durch seinen Blick abermals getroffen, verstummte ich. Dieser Mann wusste vielleicht selbst nicht alles, aber doch viel mehr als ich, um den Menschen. Wie sehr hilft uns doch die Religion, der einfache Glauben, zu der Erkenntnis des menschlichen Wesens vorzudringen. Mir flimmerte, verschwamm alles vor Augen, das

Licht, das sich so hell gegen die schwarzen Blätter abhob
und diese kleiner erscheinen ließ, sie gleichsam umhüllte,
brannte mich in den Augen. Das Helle brannte mich,
schmerzte mich. Er war verschwunden. Durch den Garten
hinauf gelangte ich zu unserer Haustür, sie öffnete sich. Im
Haus   herrschte ein fürchterliches Putzwutfieber. Alle
Stühle standen herausgestellt, und jenes ekelhafte Gefühl
von vereinsamter Ungeborgenheit überfiel mich, das bei
mir immer durch Bodenwichsegeruch hervorgerufen wird..
Alles troff von Bodenwichse. Oben hämmerte jemand
unbarmherzig auf das Klavier los. Ob es denn gestimmt
werde, fragte ich mich. Ich trat ein und mein früherer
Klavierlehrer stand daran und schlug drauf los.
(Mein Lehrer am Konservatorium: Ich wollte mit 15 nicht
mehr hingehen, weil er den Arm um meine Schultern legte,
und mir das ekelhaft war.)
Auch in diesem Zimmer, kein Stuhl, kein Teppich, nur
Mamas blaues Gartenbett stand herum. Die Bibliotheken
waren hervorgezogen, und die Bücher drohten herunter zu
purzeln, das Klavier war seiner Umschalung beraubt. All
dies erfasste ich, meinen Lehrer anstarrend, würgend
brachte ich einen Gruß über die Lippen, er sah schnell auf,
begrüßte mich verächtlich, warf dann den Deckel zu und
stellte sich mit dem Rücken gegen das Fenster. Es sei nun
gestimmt, und spöttisch fügte er bei, das Kinn gegen
meine Noten hinwendend: „Übrigens klassisch hübsche
Verzierung, diese Noten da, nur ein wenig abgeschmackt
und völlig überflüssige Arbeit, die Sie sich und dem
Dienstmädchen da machen.“ Leicht erregt bemerkte ich,
ich würde daraus spielen, ich hätte die Klavierstunden
wieder aufgenommen. „Ach so“, warf er mir verächtlich zu,
und die Tür hinter sich zuschlagend, verschwand er in
meiner Mutter Zimmer. Ein gähnendes Loch tat sich vor

mir auf und von Verzweiflung ergriffen, warf ich mich in einen Sessel...>

Außer meinem Tagebuch hatte ich niemanden, dem ich mich anvertrauen konnte. Ich las viel, ging ins Theater, in Konzerte, kommentierte alles in meinem Tagebuch, hasste mein Getue vor andern, fraß buchstäblich alles in mich hinein, fand mich fett und faul und voller Lügen. Mit meinem Aussehen fand ich es hirnrissig Schauspielerin werden zu wollen. Am 6. 10. 55 lese ich: < Endlich wagte ich es den Schritt zu tun. Brief an Frau Widmann.> Ellen Widmann war Schauspielerin am Schauspielhaus Zürich und Leiterin des Zürcher Kammersprechchors. Zwei Wochen später war die Antwort da. Ich sollte ihr am 20. Oktober vorsprechen. Die Prinzessin Eboli aus Don Carlos und Rilkes Herbstgedicht „Die Blätter fallen". Ich fand mich furchtbar, aber am 2ten November hatte ich meine erste Stunde Atemtechnik und Sprechunterricht bei ihr; und kurz darauf war ich Mitglied im Kammersprechchor Zürich und mitten in den Proben zu dem Chorwerk „Thyll Claes" von Wladimir Vogel. Die Stimmeinteilung ist wie beim Gesang von Sopran bis Bass. Nur dass gesprochen wird. Eine Art mehrstimmiger Sprechgesang mit vorgegebener Notenhöhe und Länge. Der Kammersprechchor ist viel gefragt, d. h. viele Proben und im Februar 1956 Radio-Aufnahmen in Zürich mit Gustav Knuth und Sylvia Denzler und Sendung am 28. Februar. Im Mai fahren wir nach Hamburg zu Aufnahmen und Konzert im Norddeutschen Rundfunk unter der Leitung von Schmidt-Isserstedt. <Neben den Proben hatten wir herrlich Zeit diese wunderbare Stadt zu genießen. Zweimal im Deutschen Schauspielhaus. (Teufelsschüler von Shaw und Rose Bernd mit der Hattayer) Alsterspaziergang, Reeperbahn. Alle diese frem-

den Menschen waren so lieb, das Erlebnis so schön. Ich werde es nicht vergessen.> Der einzige Wermutstropfen, der aber das Ganze noch gesteigert hat: Es durfte niemand davon erfahren. Offiziell war ich krank. Ich hätte für Hamburg nicht frei bekommen. Mein Vater hatte nichts mitbekommen und meine Mutter unterschrieb, die von mir vorbereitete Entschuldigung. Wenn es herausgekommen wäre: ich wäre in hohem Bogen von der Schule geflogen. Ich fand Schule immer ätzender, und nur meinem Bruder habe ich es zu verdanken, dass ich durchgehalten habe. Wir waren zwei Tage zum Skifahren in Grindelwald gewesen und haben intensive Gespräche geführt. Er war der Einzige in der Familie, den ich ernst nahm.

Die schönste Zeit, die ich mit meiner Mutter verbracht habe, fällt auch in diesen Lebensabschnitt. Vom 28. März bis zum 22. April 1956 waren wir in England. Meine Mutter blühte wieder zu ihrer alten Lebendigkeit auf, die ich aus alten Filmen vor meiner Zeit kannte. Mit Bahn und Schiff sind wir hin und mit dem Flugzeug, meinem ersten Flug, zurück. In der Mitte lag eine Woche mit alten englischen Freunden meiner Mutter (einem Geschwisterpaar, sie Psychiaterin, er Weltreisender) in Seaford. Hier entdeckte ich meine Liebe zur Skulptur. Mit meinem Taschenmesser machte ich mich über die Kreidebrocken her, die am Strand herumlagen und schnitzte erst eine Maske, dann ein Paar, das sich einander zuwendet und sich gegenseitig stützt. Wie besessen schnitzte ich daran herum. In der Woche davor und danach zogen wir allein in London herum, ließen kaum ein Museum, kaum eine Sehenswürdigkeit aus. Zweimal war ich mit meiner tauben Mutter im Old Vic. Wir sahen Richard Burton in Henry V und Othello. In Covent Garden waren wir im Ballett. Und sie machte begeistert alles mit! Die Depressionen, die

Selbstentwertungen, die Anklagen, dass alle Welt sie hasst, wie weggeblasen! Ich bin so dankbar, dass es diese drei Wochen in unserem Leben gegeben hat.

Kaum waren wir zurück in der alten Umgebung, versank meine Mutter wieder in ihr Unglück, zu nichts war sie nütze und so weiter, und so weiter. Als ich aus Hamburg zurückkam, hatte sie ihr Bein gebrochen, sie fiel oft hin. Die Gleichgewichtsstörungen nahmen zu, die in London fast weg waren. Meiner Mutter ging es immer schlechter. Sie wurde immer verwirrter und lief weg, wusste nicht wo sie war. Wir suchten sie. Eine Ganztagsbetreuung musste eingestellt werden. Mich machte es traurig und wütend, sie so zu sehen. Nur das Theater hielt mich über Wasser. Der Kammersprechchor machte mit bei den neunmonatigen Proben zur szenischen Uraufführung von Arnold Schönbergs Oper „Moses und Aron". Das heißt die ganze Spielzeit 56/57 wurde geprobt. Anfangs konnte ich mit dieser Zwölftonmusik nicht soviel anfangen, aber immer mehr zog sie mich in Ihren Bann, nahm mich „Moses und Aron" gefangen. Wir waren das Volk Israel, und ich war stolz mit dabei zu sein. Notgedrungen schwänzte ich wieder öfter die Schule. Im Februar brach ich mir beim Skifahren den Knöchel. Bei den Proben war ich mit Gipsbein immer dabei. Mein Vater schickte mich wegen des Schwänzens zu einer Psychologin. Mein Kommentar in dem schwarzen Heft:
<Sie schickten mich zu einer Psychologin, mein Gott, als ob die mir helfen könnte. Wohl half sie mir. Sie sagte mir, dass ich *ich* sei. Das ist doch schon etwas.>

Ich fieberte der Aufführung und meiner Matur entgegen. War tagsüber kaum mehr zu Hause. Am 6. Juni war die szenische Uraufführung von Moses und Aron unter der Regie von Karl Heinz Krahl und der musikalischen Leitung von Hans Rosbaud. Die insgesamt vier Aufführungen waren ausverkauft. Die NZZ lobte, die übrige Schweizerpresse zerriss. Doch ich war dabei gewesen, und meine Ohren und mein Herz waren für die Neue Musik gewonnen.

PLANET VENUS

Planet Venus schien nicht auf unser Haus. Dementsprechend war meine sexuelle Entwicklung auch von ganz besonderer Art. Ich habe meine Eltern oder meinen Bruder nie nackt gesehen. Nicht nur die Badezimmertür wurde immer abgeschlossen. Eingesponnen in meine eigene Welt, wollte ich einfach nicht wahrnehmen, dass es so etwas wie Sexualität überhaupt gab. Bei den monatlichen Wäscheorgien, die im Keller stattfanden, hatte ich mich mit Grauen von einem gewissen Emaille-Eimer abgewandt, in dem undefinierbare Dinger in bräunlichem Wasser eingeweicht wurden. Ich hätte auch unsere Waschfrau, die auch unsere donnerstägliche Putzfrau war, Frau Malinverno, die ich mochte und die später auch noch bei meinem Bruder saubermachte, und von seinen Kindern „s'Ninuni" genannt wurde, nicht fragen wollen; meine Neugier kam gar nicht auf die Idee nach dem Inhalt dieses grauenhaften, stinkenden Kübels zu forschen. Ich verstand nur Bahnhof, wenn Gleichaltrige über gewisse Dinge kicherten und tuschelten. Und obwohl ich in einer renommierten Frauenarztpraxis mit Cosima ein- und ausging, und die kostbaren Frösche im Aquarium bewunderte, die irgendwie zur Feststellung einer Schwangerschaft missbraucht wurden, wollte ich von all dem Zeug einfach nichts wissen. Und da meine beiden Eltern, ihres Zeichens „Kinderärzte" auch nicht auf die Idee kamen mich aufzuklären, kam es, wie es kommen musste: Ich bekam meine erste Regel mit etwa vierzehn, krümmte mich vor Schmerz und dachte, ich müsse verbluten und sei furchtbar krank. Ich lief zu meiner Mutter, die wieder einmal leidend im Bett lag, und sie bedeutete mir, das sei ganz normal, und das wiederhole sich jetzt Monat für Monat. Sie kaufte mir dann zwei grässliche Kleidungsstücke, einen himmelblauen und rosafarbenen Büstenhalter aus widerlich glänzendem Satin, und gab mir von ihren Binden, die ich jetzt sofort mit dem Inhalt jenes Emaille-Eimers identifizierte, der inzwischen schon seit langem verschwunden war. Mir ging wieder der Spruch durch den Kopf:

> Himmelblau und Rosenrot
> sind die schönsten Farben,
> oftmals war man plötzlich tot,
> solche Leute starben.

Von nun an wurde ich jeden Monat außer Gefecht gesetzt, mit fürchterlichen Krämpfen und heftigen Blutungen. Das war also normal, nein, damit wollte ich nichts zu tun haben! Und ich fraß Schokolade, wurde ziemlich mollig und bekam noch mehr Pickel im Gesicht. Nun die hatte mein Bruder auch, aber mehr am Rücken. Ich mochte mich immer weniger. Als ich dann mit 16 beim Turnen von den Ringen fiel, platsch aufs Gesicht, und mir dabei die Nase zertrümmerte - die Brille blieb ganz, drückte sich nur mit ihren Haltern in die Nasenwurzel hinein - war,s mit meiner "Schönheit" endgültig vorbei!

Ausgerechnet jetzt wandte ich mich mehr und mehr dem Theater zu, während Gleichaltrige sich für das andere Geschlecht zu interessieren begannen und Feten besuchten. Ich ging zwar auch in einen Tanzkurs, da ich aber immer als Letzte oder gar nicht aufgefordert wurde, bestätigte das nur mein Selbsturteil: Ich war hässlich und dick. Ich entwickelte auch eine für andere merkwürdige Affinität zu Düsterem, Makabren. Ich hängte schwarze Jute an die Wand hinter meinem Bett. Verkleidete mich als Tod. Bei der Auflösung des Hausstands einer entfernt verwandten Tante in Ins, griff ich nach einen Totenschädel, den ich heute noch auf meinem Speicher aufbewahre.

Zwar war da ein Student an der ETH, der bei uns wohnte, ein Arztsohn aus dem Kanton Bern, der sich für mich zu interessieren begann. Ich fühlte mich etwas geschmeichelt, diskutierte, stritt mit ihm, ging auch mal mit ihm ins Theater. Aber alles was darüber hinausging, wehrte ich ab. Mein Bruder war inzwischen Assistenzarzt auf der Chirurgie am Bezirksspital in Interlaken und kam nur am Wochenende nach Zürich. Lieber ging ich mit ihm aus, wenn er mal da war. Er hatte noch keine Freundin. Die Affäre meines Vaters blockierte uns wohl beide, was das Thema Sexualität betrifft. Sexuelle Schilderungen in der Literatur fand ich widerlich. Mein Vater war angetan von dem Bestseller „Un certain sourire" von Françoise Sagan. Ich las das Buch. Er schlief schon seit Jahren in der Praxis im Röntgenzimmer, hatte sich da seinen „Wigwam" eingerichtet, wie wir es nannten. Außer zum Röntgen wurde der Raum nicht mehr benutzt. Ich zerriss das Buch auf seinem Bett. Er sagte nichts dazu. Er hatte beschlossen, sich nicht mehr um mich zu kümmern. Ich tat ja doch, was ich wollte. Mir war das recht – ich war die ewigen Auseinandersetzungen mit ihm auch leid. Ich frühstückte nicht mehr, blieb mittags in der leeren Schule, es fiel auch niemandem auf, als ich eine ganze Woche nichts aß, nur Wasser trank, und mich dabei total gut und euphorisch fühlte. Abends kam ich meist spät nach Hause, aß noch was aus dem Kühlschrank oder auch nicht und schaute dann noch nach meiner Mutter. Meinen Vater sah ich kaum. Die Beziehung zu meinem Vater besserte sich erst in den neun Monaten, in denen meine Mutter im Koma lag. Wir rückten zusammen. Und als ich die Matura im Herbst 1957 schaffte, wurde sie immer besser. Nur hatten wir jetzt leider nicht mehr viel Zeit miteinander.

Intermezzo in Paris

Mein Wunsch Schauspielerin zu werden, den ich jetzt erst zu äußern wagte, löste allerdings bei meinem Vater Panik aus. Wir kamen überein, dass ich mich erst mal in Paris umschauen sollte. Meine erste Berührung mit dem Ausland fand 1950 statt nach der ersten Operation meiner Mutter. Über Genf, Paris, Rennes fuhren mein Vater, meine Mutter und ich nach Dinard bei St. Malo, wo uns Madame D. mit ihrer Tochter und dem zweijährigen Sohn Pierre schon erwartete. Für meine Mutter muss es schon sehr erhebend gewesen sein, dass sie dieses Kind ausgerechnet Pierre/Peter nannte. Gesprochen wurde nie darüber. Da dieser Junge meinem Vater wie aus dem Gesicht geschnitten war, und er dann auch noch Medizin studierte, hatten mein Bruder und ich lange Zeit Vermutungen, die nie wirklich ausgeräumt wurden.

Für mich waren diese Ferien ein großes Erlebnis. Die Spannungen war ich ja gewohnt. Ich sah, roch, hörte zum ersten Mal das Meer. Das Meer mit Ebbe und Flut, die in den zahlreichen felsigen Klippen kleine Teiche mit allerlei Getier übrig ließ, das Meer mit seiner salzigen Luft betörte mich. Das Spiel des Windes mit Wasser und Sand. Einmal hat mich die bis sieben Meter hochsteigende Flut beinahe erwischt, als ich in den Klippen herum kletterte. Wir hausten in einer kleinen Wohnung direkt über den Felsen mit Blick auf die im Meer untergehende Sonne. Nachhaltig beeindruckten mich die Ruinen der kriegszerstörten Stadt St. Malo. Auf einer Küstenfahrt begleiteten uns Delphine. Auf der Rückreise hat uns die Pariserin Madame D. dann auch mit ihrer Vaterstadt vertraut gemacht. Ein weiteres Mal war ich mit unserem Lateinlehrer Dr. Busigny in Paris, der es verstand, mir die Stadt nahezubringen.

So fuhr ich denn mit Anneliese zu Beginn des Wintersemesters 57 nach Paris. Wir schrieben uns an der Sorbonne ein. Sie studierte Biologie, und ich belegte einen „Cours de Civilisation". Wir wohnten in Ablon sur Seine in einem total übermöblierten Zimmer bei einer reizenden Witwe, von der ich nach Hause schrieb, dass ihre Nettigkeit manchmal auch nervt. Wir schliefen schichtweise in einem Doppelbett um nicht in der Mitte des Bettes aneinander zu kleben. Meine Literatur- Kunst - und Musikgeschichtskurse fingen später an, so fuhr ich denn auch später nach Paris rein. Abends gingen wir öfter ins Theater oder lasen laut mit verteilten Rollen Racine und Corneille. Wir sahen Barrault, Jean Vilar. Zweimal die Woche nahm ich Ballett-, einmal Reitstunden. Der rührend besorgte, neunseitige Brief meines Bruders, in dem er vor den Gefahren der Großstadt, insbesondere von Paris warnt, entkräftete ich durch ausführliche Tätigkeitsberichte. Weihnachten und Sylvester verbrachten wir in unseren Familien in Zürich um dann nochmal sechs Wochen kreuz-brav und fleißig in dem Sündenbabel zu verbringen. Die letzten Februartage war ich dann wieder in Zürich. Täglich besuchte ich nun meine Mutter im Krankenhaus. Ich saß an ihrem Bett, hielt ihre Hand, ich weiß nicht, ob sie irgendwie wahrgenommen hat, dass ich da war. Sie bekam eine Lungenentzündung und war sehr abgemagert. Endlich, endlich am 27. Februar abends viertel vor zehn wurde sie erlöst.

Nach dem Tod meiner Mutter

Meine Mutter hatte mir etwas Geld hinterlassen, so dass ich unabhängig von meinem Vater meinen Theatertraum weiter verfolgen konnte. Ich hatte mich an der Folkwangschule in Essen zur Aufnahmeprüfung angemeldet und fuhr im März 1958 auch hin. Die Prüfung fand auf der Bühne statt. Als ich neben dem Vorhang stand und auftreten sollte, überfiel mich eine so panische Angst, dass der Vorhang sichtbar mit zitterte. Irgendwie habe ich die Rollen doch hinter mich gebracht; ich musste auch ziemlich lange warten, bis sie zu einem Urteil kamen. Seltsamerweise war ich fast erleichtert, dass sie mich nicht nahmen, und so fuhr ich wieder nach Zürich zurück, wo ich mich umgehend an der Schauspielschule „Bühnenstudio" anmeldete. Eine Eignungsprüfung gab es da erst nach einem Probesemester, das im Herbst 58 beginnen sollte. Wie überbrücke ich die Wartezeit? Tante Hilde in Boppard kannte in Bonn einen früheren Intendanten des Bonner Theaters, Papa Fischer, der damals zu seinem jetzigen Bedauern, Goebbels von einer Laufbahn am Theater abgeraten hatte. Sie schlug nun vor meine Eignung durch ihn prüfen zu lassen. Meinem Vater, der einen guten Draht zu seiner Cousine Hilde hatte, gefiel dieser Vorschlag auch, und so schrieb ich mich denn als Studentin an der Uni Bonn ein, belegte Germanistik und Kunstgeschichte. Ich besuchte alle zwei Wochen den 8o Jahre alten Papa Fischer in Bad Godesberg, wo ich an der Horionstr. 8 in einem Zimmerchen hauste, und an der Glocke von Schiller mich abmühte, zu Papa Fischers Zufriedenheit.

Der Betrieb an der Uni kam mir etwas steif vor. Die Studenten siezten sich und verbeugten sich voreinander. Hinreißend fand ich die Vorlesungen von Professor

Heinrich Lützeler. Er war klein und buckelig und ein
begnadeter Redner. Noch heute lasse ich mich gern von
ihm in seinen Büchern auf den Wegen zur Kunst führen.
Ich besuchte auch einen Modellierkurs bei einer Künst-
lerin, Frau von Rath, die meinen Bruder Peter nach seinem
Tod im Auftrag von Tante Hilde nach Fotos modelliert und
portraitiert hatte. Bei Lützeler und in dem Modellierkurs fiel
mir ein etwas älterer Teilnehmer auf durch seine
besondere Ernsthaftigkeit und ein leichtes Hinken wohl
wegen eines Unfalls. Wir kamen immer wieder mal ins
Gespräch. Es stellt sich heraus, dass er nach dem
Psychologiestudium in Göttingen jetzt in Bonn an seiner
Doktorarbeit sitzt, neuneinhalb Jahre älter ist als ich und
sich für mich junges Gemüse interessiert, aber eben auch
für bildende Kunst, Literatur und Philosophie. Wir treffen
uns bald auch außerhalb der Uni. Ich erfahre, dass er in
Köslin, Pommern geboren, vor Kriegsende 1945 mit seiner
Mutter und der drei Jahre jüngeren Schwester vor den
Russen aus Pommern nach Einbeck in Niedersachsen zu
Verwandten des Vaters geflohen ist. Sein Vater, der als
landwirtschaftlicher Direktor in Schlawe arbeitete, wollte
nachkommen, hat sich dann aber, als die Russen
einmarschierten, erschossen. Als Folge eines Abszesses,
den er sich noch in der Hitlerjugend zugezogen hatte, lag
er monatelang im Gips, die Hüfte versteifte sich, das Bein
wurde kürzer. Vor ein paar Monaten erst, ist er mit Mutter
und Schwester, die vor kurzem geheiratet hat, nach Bonn
gezogen. Am Ende des Semesters küsst er mich, wir
küssen uns am Rhein. Es ist mein erster Kuss und meine
erste Liebe. Obwohl es mich richtig erwischt hat, fahre ich
Ende Juli nach Zürich zurück.

XXXX

Ein Gewitter geht nieder am Lago Maggiore Capo Lago. Die Enten, zwei weiße, drei braune, manchmal zwei, manchmal nur ein Erpel, plantschen durch die Pfützen vor unserem Heim. Klaus schläft hinten im Bett. Gleich werde ich noch einmal schwimmen gehen. In zwei Tagen brechen wir die nicht vorhandenen Zelte ab, besuchen Mara in Arogno, übernachten dort im Kastanienwald und fahren dann über   Giornico, wo wir das Museum des Zürcher Bildhauers Josephson besuchen wollen, auf den Lukmanier, den ich noch nicht kenne. Nach langem Schwimmen im graubraunen See, der je länger je wärmer wird, gehen wir in die blaue Stunde ein mit einem Hallauer. Klaus nimmt sein Malzeug heraus, um 19 Uhr bricht die Sonne hervor, der See ist nun hellblau, fast weiß, wenige Wolken nur noch, die sich mehr und mehr verziehen. Die Berge verschwinden im aufsteigenden Dunst des Maggia Deltas.

Vor uns mühen sich junge Leute aus Uri mit einem Riesentunnelzelt ab. Wir erinnern uns an Splügen, als wir unser wunderschönes, neues, pinkfarbenes Zelt, zum ersten Mal aufzustellen uns bemühten. Nach dem Prinzip Trial and Error. Zum großen Vergnügen einiger Camper.

XXXX

Die Bretter, die mir die Welt bedeuteten

Die drei Jahre am Bühnenstudio, damals noch in der alten Villa hinter dem Kunsthaus gegenüber der Hohen Promenade, waren die heitersten, unbeschwertesten in meinem Leben. Durch die tägliche zweistündige Gymnastik straffte sich mein Körper, und ich freundete mich langsam mit ihm an. Die Situation mit meinem Vater

77

entspannte sich, er wurde gelassener; zwar war er immer noch skeptisch gegenüber meiner Berufswahl, aber da er mitbekam, dass ich viel zufriedener war, ließ er mich machen. Mein Bruder war immer noch in Interlaken, jetzt auf der medizinischen Abteilung. Am Wochenende kam er mit einem Stapel Berichte an, die er noch zu schreiben hatte. Am Sonntag hatte unser Hausmädchen frei. Mein Vater und ich kochten und hatten viel Spaß zusammen. Etwas völlig Neues in diesem Haus. Jetzt, wo meine Mutter tot war, konnte ich immer besser die Dinge auch mit seinen Augen sehen. Im Rollenstudium trainierte ich die nötige Rollenflexibilität und lernte, dass das überhaupt nichts mit Charakterlosigkeit zu tun hatte, wenn man in der Lage war verschiedene Standpunkte einzunehmen. Die unerträgliche Spannung zwischen uns schwand mehr und mehr: Ich war gern zu Hause. Ich studierte die verschiedenen Jungfrauen, von Schiller über Shaw, Brecht bis Anouilh, Maria Magdalena von Hebbel, Rose Bernd, Rollen von Molière, Shakespeare, Calderon, Lessing, Kleist, Goethe, Büchner, Wilder, Williams u.s.w. Literaturgeschichte hörten wir bei Hugo Loetscher. Kurt Hirschfeld und Peter Löffler unterrichteten in Dramaturgie. Dazwischen gibt es immer wieder Kämpfe mit mir selber, gegen meine Trägheit, gegen meine chaotische Zerrissenheit. Ich zweifle an mir, an meiner Echtheit im Leben. Ich schreibe in meinem roten Tagebuch, das dem schwarzen folgt:

<Wenn ich etwas erlebe, stehe ich plötzlich außerhalb von mir, beobachte mich, schaue mir wie unbeteiligt zu. Bin ich denn nicht fähig, etwas voll und ganz auszukosten, mich einem Augenblick ganz hinzugeben? Bin ich so herzlich dabei etwas Schönes zu erleben – schon sehe ich mich entzweit, gucke mir selbst zu und finde mich ziemlich lächerlich. Deshalb bin ich wohl auch so sprunghaft, dass

niemand mich richtig zu fassen vermag. Die Leute um mich verwirrt es, sie halten mich für verdreht, mich selbst stimmt es traurig.> Ich glaubte, dass ich nur in der Kunst „wirklich" leben kann. „wahr" sein kann. Aber ich führe diese Kämpfe in mir jetzt nicht mehr gegen Schule und Vater wie im schwarzen Heft beschrieben. Meine Schrift ist auch viel schlanker geworden, nicht mehr so pastös und mit Druck. Was ich noch in dem roten Buch entdecke, ist ein Stundenplan, den ich mir zusätzlich zu den fast 30 Stunden im Bühnenstudio auferlegt habe: Noch mal an die 30 Stunden: Ich gönne mir keine Muße! Das spiegelt den enormen Leistungsdruck wieder, der in der Meyer'schen Familie herrscht. Jede Minute muss mit nützlichem, sinnvollen Tun ausgefüllt sein. Ist klar, das ich diesem „Ideal" nicht nachkommen konnte, und mich entsprechend immer wieder mies fühlte.

Nach dem Vordiplom bildeten wir sechs übrig gebliebenen eine verschworene Gemeinschaft. In den Mittagspausen improvisierten wir alberne Singspiele, die auch andere anlockten. Gustav Knuth und Ernst Schröder waren u. a. unsere Lehrer. Knuth spielte damals den König Lear und ließ uns an seinem Ringen um die Rolle teilnehmen. Wir halfen ihm bei seinen Bemühungen Schwyzerdütsch zu lernen, denn er wollte sich einbürgern lassen. Ich lernte langsam, dass nichts so ist, wie es scheint, dass Tragödie und Komödie ganz nah beieinander liegen, dass Gegensätze einander bedingen. Unvergessen Knuths Gretchen! Wir lernten vor allem durch sein Vorspiel, seine tiefe emotionale Identifikation. Er war ganz Knuth und ganz die Figur. Wir liebten ihn. Wenn wir Prüfung hatten, wartete und zitterte er mit uns. Ernst Schröder war das Gegenteil: Hoher Intellekt, der seine Emotionen nur spärlich zeigte. Er war gefürchtet. Er ging die Rollen von der Sprache her an. Unerbittlich konnte er eine ganze Stunde an einem Satz herum feilen. Die anderen drückten sich meist vor dem Rollenstudium bei ihm. Ich kam gut mit ihm zurecht, so dass ich oft als Einzige mit ihm arbeitete. Ich hatte mich mit seiner Tochter Christiane angefreundet, war auch ein paarmal bei ihnen zu Hause, in dem kleinen, alten Bauernhaus auf dem Lande. Christiane war hochbegabt. Sie hat sich dann ein paar Jahre später das Leben genommen.

Kurz vor dem Diplom war ein Vorsprechen bei der Schauspieltruppe Zürich angesagt. Sie suchten Leute für die nächste Tournee. Ich war zu dem Zeitpunkt erkältet und vollkommen heiser. Ich brachte keinen Ton mehr zustande. Maria Becker, Robert Freitag und Günther Vogt, der Manager kamen ins Bühnenstudio und ließen vorsprechen. Mit Reto Babst zusammen hatte ich Szenen aus O'Neils „Trauer muss Elektra tragen" einstudiert. Reto wollte den Orin unbedingt vorsprechen. Ihm zuliebe willigte ich ein. Eigentlich wollte ich in meinem Zustand nicht an dem Vorsprechen teilnehmen. Also spielte ich tonlos flüsternd die Lavinia. Und wir wurden beide engagiert für die Tournee Herbst/Winter 61 Shakespeare's „Viel Lärm um Nichts" mit Maria Becker und Will Quadflieg in den Hauptrollen. Ich konnte es kaum fassen. In einem Stück „Der Umzug" von Henry Monnier, das Schüler der obersten Klassen unter der Regie von Reinhart Spörri im Hechtplatztheater aufführten, spielte ich die Hauptrolle. Das Schweizer Fernsehen machte eine Aufzeichnung. Wir wurden mit dieser Inszenierung von der Folkwangschule in Essen eingeladen. Ich muss zugeben, eine leichte Genugtuung spürte ich, als ich dort spielte. Für mich habe ich so meine Schmach von damals, von der niemand etwas wusste, ausgewetzt. Im Nachhinein war ich so froh, dass sie mich nicht genommen haben, sonst hätte ich die versöhnlichen Jahre mit meinem Vater nicht erleben dürfen.

Von meinem Freund in Bonn kam von Zeit zu Zeit ein Zeichen, dass er mich noch nicht vergessen hatte. Ich fuhr zwei, drei mal in den Ferien hin und hab dann auch im Frühjahr 1960 (ich war 22) zum ersten Mal mit einem Mann, mit ihm geschlafen. Es war ein besonderes Erlebnis, weil ich ihn liebte, und weil ich es wollte. Er hatte lange Zeit auf meine Angst vor allem Sexuellen Rücksicht genommen. Es war schmerzhaft und nicht besonders schön. Ich war dann so naiv anzunehmen, dass dies Ereignis für ihn genau so bindend sei, wie für mich. Ich habe dann eine lange Zeit alle anderen Annäherungs-versuche energisch abgewehrt. Davor war ich auch zum ersten Mal bei einem Frauenarzt gewesen, u.a. wegen meiner Menstruationsschmerzen, die sich keineswegs gebessert hatten. Er verschrieb mir die Pille wegen der Schmerzen und schockierte mich mit der Aussage, es sei nicht zu erwarten, dass ich je schwanger werden könnte, meine Gebärmutter sei stark abgeknickt. Aber, da ich Ärzten gegenüber misstrauisch bin, (am Mittagstisch zu Hause waren oft die Fehler der lieben Kollegen verhackstückt worden), habe ich trotz dieser Aussage immer gewissenhaft verhütet. Ungewollt schwanger werden wollte ich auf gar keinen Fall. Später hat mich der Spruch eines Frauenarztes sprachlos gemacht. Als ich mich mit 40 sterilisieren lassen wollte, weil mir die Pille zu riskant war, meinte ein noch junger Arzt im Vorgespräch, ich solle mir doch besser die Gebärmutter herausnehmen lassen. Als ich mich dagegen verwahrte, konterte er: „Ich verstehe nicht, warum Sie unbedingt einen VW wollen, wo Sie doch einen Mercedes haben könnten."

Fünfte Station: Arogno u. sechste Station: Aqua Rossa

Am 21.Juni ziehen wir weiter : Es wird zu voll am „Größeren" See. Wir parken in Lugano am Bahnhof und fahren mit den Rädern in die Altstadt hinunter. Da ist eine Fiesta zu Gange, die uns bald wieder vertreibt. Eine gescheite Ausstellung ist auch nicht zu sehen. Also fahren wir nach Riva San Vitale und bewundern das älteste aus dem 5. Jahrhundert stammende Battisterio der Schweiz. Wir essen in einer gemütlichen Osteria auf der Piazza und fahren dann am Seeufer um den Monte San Giorgio herum, der ursprünglich aus Afrika stammen soll, mit vielen Fossilen, die vor 240 Millionen Jahren im Schlick des Berges verschwunden sind. Ein Weltnaturerbe der Unesco. Wir sitzen dann am Ufer des Sees, uns gegenüber liegt der San Salvatore mit Carona und dem Damm von Melide. Ich erzähle Klaus von dem alten Tessinerhaus, das die Eltern von Cosima in Carona hatten, wo ich öfter auch eingeladen war, und wie wir mit dem Neufundländer, der sich in der Hitze in jeder Kurve niederlegte, auf den Salvatore hoch sind. Auch heute Kaiserwetter. Ein paar Motorboote fahren vorbei, auf Deck die obligate Blondine hingegossen, am Steuer dickleibige Alte. Sie glotzen zum Ufer, wo wir hocken, ob wir sie auch gebührend bewundern. Kurze Zeit später sitzen wir bei Mara in Arogno auf der Terrasse im Steilhang-Garten und blicken auf den Generoso, der die Grenze zu Italien bildet und erzählen. Sandro ist dabei ein üppiges Essen vorzu-bereiten: Ein köstliches Risotto und einen hervorragenden Artischocken-Kuchen. Im Kastanienwald über Ihrem Haus lässt es sich wunderbar schlafen, ungestört von den her-abfallenden Kastanien, wie sie im Herbst vor drei Jahren

*auf das Dach polterten. Diesmal blühen sie und betören
einen mit ihrem Duft nach frischem Samen. Am nächsten
Morgen fahren wir früh weiter, über Bellinzona nach
Biasca und steigen bei strahlendem Wetter zu der
romanischen Kirche hoch, die als einzige den furchtbaren
Bergsturz von Biasca im 16. Jahrhundert. überstanden
hat, worauf eine Riesenflutwelle eine noch größere
Zerstörung bis Bellinzona hinunter anrichtete. Was ich
noch nie gesehen habe: der Fußboden dieser Kirche
selbst ist auch ansteigend. Wir finden dann beim
Weiterfahren auf dem Lukmanier in Aqua Rossa einen
sehr schönen parkartigen Zeltplatz am Fluss.*

XXXX

Nach der ersten Tournee mit Shakespeares „Viel Lärm um
Nichts", die in Schweinfurt begann und in Basel endete,
(wir spielten in 53 deutschen und 11 Schweizer Städten 97
Aufführungen.), war der Widerstand meines Vaters gegen
meine Theaterlaufbahn gebrochen. Er hat Maria Becker
gesprochen und ihre Aussage hat ihn offenbar beruhigt.

Aber ich hatte mir schon einen Künstlernamen gewählt,
und behielt diesen, solange ich Theater spielte, auch bei,
Clelia Cord: Ich wollte wie eine Saite klingen.

Mein Freund in Bonn und dessen Mutter und Tante Hilde
aus Boppard besuchten eine Vorstellung in Bad Godesberg und waren sehr angetan. Zwei weitere Jungs aus
unserer Schauspiel-Klasse waren auch mit auf Tournee.
Es war eine sehr harmonische Truppe, die da dreieinhalb
Monate unterwegs war. Wir reisten auch nicht jeden Tag
weiter. Es gab immer wieder Ruheinseln. In Erlangen z.B.
wohnten wir drei Wochen in einem gemütlichen Hotel am
Waldrand, sammelten Pilze, und Maria Becker kochte ein

Pilzgericht, vor dem die Ängstlichen zurückschreckten. Mir schmeckte es prima. Von Erlangen aus wurden Abstecher in die umliegenden Städte gefahren. Im bezaubernden, aus dem Rokoko stammenden Markgrafentheater wurde die Aufführung vom Fernsehen aufgezeichnet. Insgesamt war es eine zwar sehr anstrengende, aber auch spannende und lehrreiche und vor allem stimmige Zeit. Und ich lernte Deutschland kennen. Ich war viel allein unterwegs und sah mir die Städte an, in denen wir spielten. Wieder in Zürich durfte ich bei Maria von Ostfelden mitmachen: Avantgarde. Wir probten das zweite Stück von Boris Vian: „Das Schmürz oder die Reichsgründer". Es wurde im TNP in Paris (Jean Vilar) uraufgeführt, ein halbes Jahr nach Vians Tod, der nur 39 Jahre alt wurde. Ein unheimliches Stück. Eine gutbürgerliche Familie (Vater, Mutter, Tochter, Hausangestellte) flieht in einem Mietshaus von Stockwerk zu Stockwerk und verliert dabei ihr Hab und Gut, weil sie von einem widerlichen Geräusch verfolgt werden. Immer weniger Raum steht zur Verfügung, den sie mit einer ekelerregenden, sprachlosen Kreatur teilen müssen. Dieses Schmürz wird von den Eltern sadistisch gequält, und gleichzeitig als nicht vorhanden geleugnet. Nur die Tochter nimmt das Schmürz wahr und empfindet Mitleid mit ihm. Die Eltern, Vertreter eines verlogenen Optimismus, beschönigen ihre Flucht, ihre Angst vor dem Unbekannten mit Phrasen und Tiraden. Die Tochter lehnt sich mit krassen Zynismen dagegen auf, kann aber dem Lügenkreis auch nicht entrinnen. Im Aufstieg der Familie vom Erdgeschoss zur Mansarde ereignet sich auch ihr Abstieg, ihr Zerfall. Zuletzt bleibt nur der Vater übrig, der sich umbringt. Ich spielte die Tochter. Die Bühne war im Keller an der Spiegelgasse, der bald darauf für Aufführungen gesperrt wurde. Es war eine sehr eindringliche Inszenierung, die wir bis in die Junifestwochen spielten. Und es war ein prägendes Erlebnis mit dieser mutigen, leidenschaftlichen, unbeugsamen Frau, Maria von Ostfelden, zu arbeiten.

Das Torturmtheater in Sommerhausen am Main bei Würzburg war die nächste kleine Bühne, an der ich spielte. Bevor die Proben zu „Der Tyrann" von Heinrich Mann anfingen, besuchte ich meinen Freund in Bonn. Um seine Doktorarbeit zu finanzieren, arbeitete er freiberuflich als Marketingpsychologe. So erstellte er z.B. Gutachten für Produktwerbung aufgrund von Interviews. Als Sekretärin half ihm eine geschiedene Frau mit Kind, eine Bekannte seiner Schwester. - Er hatte viel zu tun. Die wenige Zeit, die wir hatten, war er wortkarg bis schroff. Ich versuchte herauszufinden, was los war. Nichts. Von seiner Schwester hörte ich, ich solle aufpassen, wenn mir an ihm läge, sonst, am Ende würde er diese Frau heiraten. Er versicherte mir, das sei völliger Quatsch, er könne mit ihr nichts anfangen, würde nur mich lieben. Jedenfalls war ich ziemlich irritiert. So fuhr ich denn zu den Proben an den schönen Main. Der „Tyrann" war ein Zweipersonenstück. Raminga hat sich entschlossen den Tyrannen zu morden. Zuletzt erliegt sie seinem Charme und wird abgeführt. Regie führte Rolphe de la Croix. Ich will jetzt nicht sagen, dass ich mich so mit der Rolle identifizierte, dass ich nicht anders konnte. Tatsache ist, dass ich mich mit meinem Partner gut verstand, dass wir einen Sommer lang allein für das kleine Theater zuständig waren. Der Chef Luigi Malipiero war mit seiner Frau und seinen achtjährigen Zwillingen im Urlaub, und wir schmissen den Laden. Wir spielten täglich außer Montags, Samstags zweimal. Das Stück kam gut an, Gustav Knuth, der in Bad Mergentheim zur Kur war, besuchte die Vorstellung (Gott sei dank, ohne mir vorher etwas zu sagen); mein Vater, mein Bruder besuchten uns. Es kam wie es kommen musste: irgendwann lagen wir zusammen im Bett und es war total aufregend und schön. Als ich dann in Bonn, aufrichtig, wie ich mich bemühe zu sein, meinem Freund gestand, dass ich, obwohl ich ihn liebe, mit meinem Partner geschlafen habe, brach er die Beziehung abrupt ab. Das war es dann.

Es folgten Proben für "Michael Kramer" von Gerhart Hauptmann. Ich übernahm die „Liese Bänsch" eine Rolle, die so fern von mir lag, dass ich dachte, ich würde sie nie packen. Doch ich erinnerte mich an die Aussage von Frau Brock-Sulzer: Gerade an Dingen, die uns schwerfallen, fast unmöglich erscheinen, können wir wachsen, wenn wir uns damit auseinandersetzen. Malipiero, der Regie führte und die Haupt-rolle spielte, wollte mich blond, also mit Perücke. Aber auch meine dichten dunklen Augenbrauen sollten verschwinden, damit die Blondine glaubwürdig wird. Also rupfte ich mir schweren Herzens die Brauen schmal. Sie sind nie mehr so dicht nachgewachsen, wie ich sie einmal hatte. So lässt man Federn. Und ich lernte tändeln, mich über die ernsthaften Gefühle eines Künstlers, den mein Partner spielte, lustig machen, ein oberflächliches, dummes Luder sein, eine Tussi, die dann aber doch betroffen war, über das, was sie angerichtet hatte, und bei der Beerdigung des jungen Mannes die Tränen nicht zurückhalten konnte. Danach war ich eigentlich für die „Unterrichtsstunde" von Jonesco vorgesehen; doch als ich von der Schauspieltruppe Zürich angefragt wurde, ob ich bei der nächsten Tournee mitmachen wolle, konnte ich nicht widerstehen. Ich schlug Malipiero vor, an meiner Statt meine Freundin Mara Schoch zu engagieren, was er auch akzeptierte.

XXXX

86

Ein kräftiger Wind fegt talabwärts. Beim Frühstück hat er uns die Markise um die Ohren gehauen, obwohl wir zwei Säcke mit Steinen an beiden Stützen befestigt hatten. Gestern Abend unterbrach eine lockige ältere Bernerin mein Schreiben, kam direkt auf mich zu - ich saß noch im Cockpit – und meinte, sie kenne mich und unseren Campingbus. Wir gingen dann alle Plätze durch, die wir in den letzten drei Jahren in der Schweiz besucht hatten, aber nirgends fand sich eine Übereinstimmung. Aber so kamen wir ins Gespräch. Ich sagte zu Klaus: „Das ist kein schlechter Trick, wenn man das Gespräch sucht." Wir erfahren dabei, dass weiter oben der Bergfrühling ausgebrochen sei. Sogar einige Alpenrosen blühten schon, Soldanellen, Primeln, und so beschließen wir am Nachmittag den Pass ein Stück hochzufahren bis zum nächsten Campingplatz „Aqua calda". Doch von „heißem Wasser" merken wir wenig: Es ist ganz schön kalt hier oben auf 1900 Metern. Aber auch sehr schön, ein parkartiger Baumbestand zieht sich bis zur Passhöhe hinauf. Der Lukmanier ist der niedrigste Nord-Süd Alpenübergang in der Schweiz.

XXXX

Anfang 1963 fuhr ich dann nach Hamburg zu den Proben für Hebbels „Gyges und sein Ring" mit Will Quadflieg als Kandaules und Antje Weisgerber als Rhodope. Wir probten im Hamburger Schauspielhaus und ich sah den großen Gründgens ein paarmal life, der mir aber in seinem Spiel nicht besonders gefiel. Er war mir kleinen Schwei-zerin zu gekünstelt, zu maniriert.

Es war dieser kalte Winter, in der die Elbe zufror – als wir dann mit Gyges in Zürich auftraten, konnte ich mit meinem Vater auf dem vereisten Zürisee spazieren gehen

87

Auf dieser Tournee war ich nicht mit den anderen im Bus unterwegs, sondern ich fuhr mit Will Quadflieg und seiner jungen Frau Margarethe Jacobs in deren Privatwagen und fühlte mich dadurch beklommen und unfrei. Ich wurde wohl oder übel Zeuge vieler Auseinandersetzungen, was mir überhaupt nicht behagte. Die Tournee wurde mühsam. Als wir dann in Köln spielten, besuchte ich in Bonn die Mutter meines Ex-Freundes. Sie berichtete mir, dass er im vergangenen Oktober einen Sohn bekommen und anschließend die Frau geheiratet habe. Und dass er sehr unglücklich sei. Also doch – also war sie bei unserem letzten Treffen schon schwanger! Ich fühlte mich total beschissen. War wütend und traurig zugleich, ein Chaos von Gefühlen durchjagte mich. Sie hat ein Kind von IHM. Und ich kann vielleicht keine Kinder kriegen. Ich war eifersüchtig: eine Gefühl, das ich bis jetzt nicht wahrhaben wollte. Ich war verwirrt: Sollte ich diesen Kerl immer noch lieben, obwohl ich mit Christoph, meinem Partner aus Sommerhausen befreundet war und wir prima Sex miteinander hatten? Ich wollte diesen Kerl, diesen Lügner und Feigling nie mehr sehen und sehnte mich gleichzeitig nach ihm. Seine Mutter meinte, ich solle sie doch im Sommer in Riva besuchen, sie habe einen Job als Reiseleiterin am Gardasee. Irgendwie ging die Tournee zu Ende. Im Juni war ich wieder in Zürich. Dann folgte Schlag auf Schlag. Mein Vater fühlte sich schon länger nicht besonders. Aber wie früher seine Hexenschüsse, spielte er jetzt seine Angina Pectoris herunter, schonte sich nicht. Georg stellte uns seine erste Freundin vor. Sie war Krankenschwester am Inselspital Bern, wo er seit 1960 seine Spezialisierung zum Kinderarzt machte. Mein Vater und ich waren so froh, dass er endlich jemanden hatte. Es dauerte nicht lange und die beiden verlobten sich.

Ich unternahm mit Mara eine kleine Italienreise. Am Gardasee traf ich die Mutter von Karlfritz, meinem Bonner Freund. Ohne dass ich davon wusste, rief sie ihren Sohn an – der machte sich sofort auf den Weg nach Italien – wir trafen uns wieder – fuhren mit Reiseleitung nach Verona (La Traviata) und an einem anderen Tag nach Venedig. Er hatte ein Kind. Er war verheiratet. Und ich liebte ihn immer noch. Darnach war wieder Funkstille. Eine Woche war ich mit meinem Vater in Frauenkirch / Davos, wo er sich von einer Kieferoperation erholte. In Frauenkirch hatten wir, als ich klein war, so viele kostbare Sommer- und Winterferien verbracht. Vom Kirchlein herunter, das Ernst Ludwig Kirchner sommers und winters gemalt hatte, lernte ich mit vier Skifahren, ich erlebte meinen Vater als Zauberer: Er konnte verschluckte Pflaumen aus dem Ohr holen! Der Vater meines Vaters starb hier im Sanatorium. Die Gegend war überbordend voll von Erinnerungen. Wir konnten über Vieles reden. Es war eine sehr intensive Woche.

Mein Bruder und Verena Abplanalp aus Brienz, wollten heiraten, schon bald, am 26. Oktober. Ich sollte Trauzeugin sein. Mein Vater plante, meinem Bruder die Praxis zu übergeben und sich zur Unruhe zu setzen: Er hatte noch so viel vor: Reisen, Malen. Es schien sich auch alles so gut zu fügen. Doch kurz vor der Hochzeit erlitt er einen Herzinfarkt. Ich kam auf der Stelle aus Bremen zurück, – ich hatte das Gefühl von einer Riesenwelle überschwemmt zu werden. Das durfte einfach nicht sein! Endlich, endlich hatten wir einen Draht zueinander, mein Vater und ich; er konnte mich doch jetzt nicht einfach auf dieser Welt allein lassen!! Wir schöpften wieder Hoffnung. Er bedauerte sehr bei der Hochzeit, die in Bern-Belp stattfand, nicht dabei sein zu können. Als die beiden in Lugano auf der Hochzeitsreise waren, überlebte er im Spital einen zweiten Infarkt. Doch dann, am 4. November 1963, holte ihn ein dritter Infarkt weg von dieser Erde. Es war früher Nachmittag während der allerersten Sprechstunde meines Bruders. Ich arbeitete in meinem Zimmer und hörte das Telefon klingeln und wusste sofort: Jetzt ist es geschehen. Wir holten ihn nach Hause. Wie unsere Mutter war er drei Tage im blauen Kaminzimmer aufgebahrt. Wie in Trance erledigten wir alles Notwendige. Zur Beerdigung erschien dann, in tiefer Trauer, nachdem sie sich schon seit längerer Zeit von unserem kranken Vater zurückgezogen hatte, Madame D. Es war ein sehr effektvoller Auftritt: Als einzige Schwarz-Verschleierte, trat sie auf uns zu und kondolierte uns. Wir waren wie versteinert.

XXXX

Wieder am Rhein.
Siebte Station :Trun und achte Station: Chur

Auf der Weiterfahrt trafen wir hinter der Passhöhe auf einen sprudelnden Bach: den Medelserrhein. Ich hatte Lust ihn mit dem Fahrrad zu begleiten. Es war berauschend den Pass hinunter zu sausen. Unten in der Medelserschlucht herrschte Goldgräberstimmung. Nachdem wir den dortigen Campingplatz mit allem Nötigen und Unnötigen zum Goldwaschen gesehen hatten, fuhren wir kopfschüttelnd weiter. In einem kleinen Ort Trun fanden wir, direkt am Vorderrhein, einen Platz, der uns zusagte. Im Nachhinein habe ich erst realisiert, dass Trun mit Truns identisch ist, wo mein Vater im Krieg im Dienst war. Von hier hat er etliche postkartengroße Aquarelle nach Hause geschickt, u. a. die Kirche und ein paar Häuser von Truns mit Blick talaufwärts auf das Kirchlein von Somvix und den verschneiten Bergen am Oberalppass. Zwei zarte Veilchen

*links und rechts zieren den Himmel. Auf der Rückseite
folgender Text:*

„Truns, 1. Nov.43

*Mein liebes Fraueli, es ist eben halb zwölf, ich sitze in
meinem Zimmer, heimgekehrt von einem Pfadi-Lager-
feuer, wo wir von 20 – 23 Uhr draußen auf dem Kirch-
hügel, wo das Kinderskelett ausgegraben worden ist, bei
gebratenen Äpfeln, Brot, erwärmten u. geschmolzenem
Käse zugebracht haben. Windstill, trocken, warm, nicht zu
vergleichen mit unserem kühlfrischen ersten Augustabend.
Alle erzählten seltsame Geschichten, sangen Lieder, freu-
ten sich am Feuer. Du siehst, des Festens gibt es kein Ende. Am Mittwoch vor unserer Heimkehr gibt's für die Ab-
löser zum Trost und für die Heimkehrer zur Freude noch
einmal Rheinlanken, die berühmten, hiesigen Salmforel-
len. Und dann hoffentlich Donnerstagabend die Heimkehr.
Herzlich Papi"*

*Von Truns aus – es wird noch ähnlich aussehen wie da-
mals – unternehmen wir einen Ausflug in das von Zumthor
gebaute Thermalbad von Vals im engen Valsertal. Wir sind
sehr beeindruckt. Kleine Duftbadebecken sind mit etwa
fünf Meter hohen Decken ausgestattet, so dass ein Schall-
raum entsteht, wie im Bauch eines Rieseninstruments. In
großzügigen Außenbecken genießt man Bergluft und
Landschaft. Über Flims und Reichenau, wo Vorderrhein
und Hinterrhein sich vereinigen, erreichen wir den Zeltplatz
in Chur, der direkt an der Mündung der Plessur in den
Rhein liegt. An dieser Stelle schieben sich die Rheinkiesel
zu mächtigen Geröllinseln zusammen. Im Vorjahr haben
wir hier die schwarzweißen Kiesel gefunden, die ich im Mai
in der Rheininstallation gezeigt habe. Dies Jahr: Viel
Niesel, keine Kiesel. Der Regen vertreibt uns: Morgen früh
werden wir über den Julier ins Engadin fahren.*

91

XXXX

Nach der Beerdigung meines Vaters fiel ich in ein Loch. Das Fundament, auf dem ich stand, brach ein. Wozu noch das Theater? Es war, als würde mir der Wind aus den Flügeln genommen. Ich wohnte eine Zeitlang allein in dem großen Haus in Zürich. Georg und Verena hatten eine Wohnung in Zürich-Schwamendingen gemietet. Meine Schwägerin wurde bald schwanger. Wie ein Mühlrad ging es mir im Kopf herum: Sie werden bald das Haus renovieren wollen. -- Das Haus ist vom Keller bis zum Dachboden vollgestopft. Das Haus muss entrümpelt werden. Ich muss hier raus. - Niemand drängte mich. Ich machte mich selbst verrückt. -- - - Nach der Entrümpelung und Renovation werden sie einziehen wollen. Ich muss zusehen, dass ich bald aus dem Haus herauskomme. Aber wohin? - Wohin?

Ich hatte ein weiteres Engagement bei der Schauspieltruppe abgeschlossen. Im August 1964 war Probenbeginn in Salzburg für Molières Don Juan. Ich überlegte hin und her, was ich außer dem Theater machen könnte. Vielleicht Psychologie studieren? Aber ich traute mir ein Studium nicht wirklich zu. Außerdem dauert es sehr lang. Ich bin schon 25. Eine Freundin meiner Tante Maria, die sich in Franco-Spanien gegen die Diktatur eingesetzt hatte, hat mit der Schule für Gestaltungstherapie zu tun. Ich bespreche mich mit ihr. Ist das was für mich? Da könnte ich meine kreativen Fähigkeiten einsetzen.

Ich absolviere erst mal ein dreimonatiges Praktikum im Rot-Kreuz Spital in Zürich als Schwesternhelferin. Das ist eine der Voraussetzungen, um sich an dieser Schule anzumelden. Zimmer putzen, Blumen pflegen, Betten machen, Essen verteilen von morgens sieben bis abends sieben. Nach zwei Wochen macht es mir sogar Spaß, diese

92

schlichten Tätigkeiten sorgsam zu machen. Ich ecke nur an, wenn ich mich zu lange mit den Patienten unterhalte. Am Schluss bestätigt man mir, dass ich ein Geschick habe, mit schwierigen, renitenten Mitarbeiterinnen umzugehen. Mit der endgültigen Entscheidung wollte ich mir Zeit lassen bis nach der nächsten Tournee.

Dadurch, dass Georg so schnell in seine neue Familie eintauchte, fühlte ich mich doppelt allein gelassen, unbehaust und total auf mich allein gestellt. Chièn perdu sans collier. Abhandengekommener Hund ohne Halsband.

Zwar freut es mich, dass ich für das erste Kind Gotte (Patin) werden soll; gleichzeitig aber tauchen auch wieder Sehnsüchte auf nach einem eigenen Kind, von dem ich jedoch nicht weiß, ob ich es je würde haben können.

So fuhr ich denn voller Zweifel, wie es weitergehen könnte, nach Salzburg zu den Proben für Molières Don Juan. Quadflieg spielte den Mephisto an den Festspielen (Faust: Thomas Holzmann), deshalb war Salzburg auch der Probenort. Spannend war es, Gründgens und Quadfliegs Mephisto zu vergleichen. Im Hinterkopf hatte ich Ernst Ginsbergs Mephisto aus der Zürcher Spielzeit 57/58 mit Matthias Wieman als Faust. Wir wohnten in der Nähe von Schloss Kleßheim, wo wir in prächtigen Räumen proben durften. Die Rolle des eifersüchtigen Bauernmädchens machte mir Spaß, meine Partnerin war nett und patent. Die drei Wochen Salzburg waren wie Ferien. Am 20. August wurde mein Patenkind Peter mit Kaiserschnitt geboren. In Schweinfurt war Premiere, die sehr gut ankam und los ging die Tournee. Am 12./13. Okt. spielten wir im Zürcher Schauspielhaus, und ich konnte meinen Göttibuben sehen. Es lief gut und dennoch: Die Luft war raus. Das Kantinengequatsche ging mir auf den Geist. Ich hatte keine Lust

mich irgendwo in der Provinz um eine Vakanz zu bemü-
hen. Zum Glück fuhr ich wieder im Bus mit, war auch gut in
der Truppe integriert; Max Mairich, der den Sganarelle
spielte, fuhr auch mit dem Fußvolk mit. Mit ihm führte ich
lange Gespräche übers Theater, die Stellung der Frauen
am Theater und so weiter. Quintessenz: „Mädchen, wenn
du für dich eine Alternative findest, etwas, wo du denkst,
dass es dir entspricht, - dann mach es."

XXXX

Am Ziel: Maloja: Unsere neunte Station.

*Gestern Abend Tiefpunkt der Reise: Mein blauer Kalender
ist weg. Mit allen Terminen, Adressen, ich fühle mich wie
amputiert! Alle Notizen, Stichworte, die ich das ganze Jahr
über gemacht! Alles weg. Ich fuhr mit dem Rad in die
Altstadt, wollte zum Coiffeur: Haare schneiden. Ich hatte
meinen kleinen Rucksack mit und darin Kalender und
Portemonnaie. Da ich eine Stunde warten musste,
schlenderte ich durch die Altstadt, dachte an Hans Gmür,
der in Chur aufgewachsen ist. Dabei fiel mir ein, dass
Klaus mir vor kurzem von einem Telefonanruf von vor
Jahren erzählte. Hans war dran und sagte zu Klaus: Er
solle gut auf mich aufpassen, ich sei etwas Besonderes.
Ich war total gerührt. Jetzt ist Hans schon über fünf Jahre
tot. - Als ich wieder bei unserem Bus war, wollte ich etwas
notieren. Der Kalender war weg. Habe alles abgesucht.
Nirgends zu finden. War auch bei der Polizei. Das
Fundbüro war Samstags zu. Habe die Adresse von Maloja
dagelassen. Auch die von meinem Bruder. Vielleicht taucht
er noch auf.*

XXXX

94

Die Tournee endete in Köln kurz vor Weihnachten 64. Eine Fernsehaufzeichnung hielt uns da für länger fest. Und wieder einmal sah ich mich veranlasst, die Mutter von Karlfritz zu besuchen. Und wieder jammerte sie mir vor, wie unglücklich ihr Bübchen sei, und dass er sich freuen würde mich zu sehen. Eigentlich wollte ich das nicht. Ihm wiederum erzählte sie, dass ich mich freuen würde ihn zu sehen. Er wollte das eigentlich auch nicht. Jedenfalls: wir trafen uns. Und fuhren, nachdem die Dreharbeiten und die Tournee zu Ende waren, ein paar Tage nach Freudenberg im Siegerland. Kurz: Wir verliebten uns wieder einmal ineinander, d.h. ich kam einfach nicht von ihm los. Man nennt das auch Hörigkeit. - *Bitte jetzt keine Deutungen, keine Diagnosen, nur Beschreibung !* - Wir hatten intensive Gespräche über meine, seine Situation. Er bat mich in seine Nähe zu ziehen, ermutigte mich Psychologie zu studieren – auf meinen Wunsch, vielleicht auch mal Kinder zu haben, ging er ein: Er fände es ganz toll, mit einer Frau, die er liebt, ein Kind zu haben.

Der Sprung ins Rheinland

Die Wochen bis zum Entschluss in Köln zu studieren, waren grausam. Der endgültige Abschied vom Theater fiel mir schwer. Der Gedanke, in eine Ehe mit einem Kind einzubrechen, machte mir zu schaffen. Ich schlief kaum mehr. In Zürich hatte ich aber auch meinen Platz verloren. Ich musste ja bald aus dem Haus raus. Wohin? Es riss mich her und hin. Mein Bruder, meine Tante versuchten mir zu helfen, aber ich musste mich ganz allein zu einem Entschluss durchringen.

In der zweiten Märzwoche fuhr ich nach Bonn. Ich konnte erst mal in der Wohnung seiner Mutter unterkommen.

Von da aus konnte ich die Situation an der Uni Köln prüfen. Eine Eignungsprüfung war für Bewerber für das Fach Psychologie vorgesehen. Ich betrachtete diese Prüfung als Entscheidungshilfe. Sollten sie mich nicht nehmen, fahre ich wieder zurück und mache Gestaltungstherapie. Ich bestand die Eignungsprüfung. Die Entscheidung war gefallen. Also schrieb ich mich zum Studium der Psychologie an der Albertus Magnus Universität zu Köln ein, was, da ich Ausländerin bin, mit viel Papierkram verbunden war. Es fand sich auch ein kleines möbliertes Apartment in Köln-Klettenberg, unweit der Uni, ruhig, mit Fenster auf einen Hinterhof. Da das Studium erst Mitte April begann, fuhr ich mit meiner Tante Maria, die ich in Boppard traf, nach Zürich zurück und nahm Abschied von allem, was mir in meiner Heimat lieb war.

Mit meinem Fiat 1100 reiste ich, bepackt mit allem Notwendigen für einen kleinen Haushalt, nach Köln und richtete mich in meinen zwölf Quadratmetern ein. An der Uni Köln gefiel mir, dass die Psychologie in zwei Fakultäten beheimatet war. Mit einem Bein fußte ich in der Philosophischen-, mit dem andern Bein in der Naturwissenschaftlichen Fakultät. Am studentischen Leben nahm ich wenig teil, da ich in meiner Studentenbude sein wollte, wenn ER mich anrief. Ich war ja auch sieben Jahre älter, als meine Semestergenossen und fühlte mich entsprechend uralt und sehr gebunden. Er könnte mir niemals verzeihen, wenn ich fremd gehen würde, sagte er. Ich dachte nicht mal daran. Seine grundlosen Eifersuchtsszenen, wenn ich zu gegebener Zeit nicht zu erreichen war, hielt ich für einen Liebesbeweis. Wir sahen uns ein bis zweimal in der Woche. Meist fuhr ich nach Bonn, wo ich oft lange wartete, bis er kam. Viele Treffen vermiesten wir uns durch gegenseitige Vorwürfe. Er hielt mir Ungeduld und mangelndes Vertrauen vor. Ich unterstellte ihm, aus Bequemlichkeit alles beim Alten lassen zu wollen. Es kam auch vor, dass 14 Tage Funkstille war. Manches Mal war ich depri bis verzweifelt. Ich hatte also genügend Zeit fürs Studium. Fürs Vordiplom waren damals, außer den vier psychologischen Fächern, noch Prüfungen in Philosophie, Biologie, Physiologie erforderlich. Die zwei Semester Statistik, vielen angehenden Psychologen ein Greuel, machten mir sogar Spaß.

Meine Theatervergangenheit spaltete ich völlig ab. Niemand erfuhr, dass ich einmal Schauspielerin war. Ich ging nie ins Theater, selten ins Kino. Vom Wissenschaftsbetrieb hatte ich ein viel zu hehre, hohe Meinung gehabt. Die sich widersprechenden, einander erbittert bekämpfenden Richtungen und Schulen verwirrten mich anfangs. Je tiefer ich eindrang, umso klarer wurde mir, dass ein Aspekt allein nie die Komplexität eines Gegenstandes erfassen konnte. Nur wenn ich mir möglichst viele Ansichten einverleibe, kann ich der Sache vielleicht gerecht werden. Ich las wieder sehr viel. Voraussetzung für das Vordiplom war auch eine umfangreiche schriftliche Arbeit. In einer amerikanischen Untersuchung zur Wahrnehmungsabwehr war als Nebenergebnis herausgekommen, dass angstbesetzte Wörter signifikant häufiger links lokalisiert wurden und neutrale Wörter häufiger rechts. Das interessierte mich. Sollte der Symbolgehalt des Raumes eine solche Rolle spielen, so dass wir unangenehme Dinge eher auf der linken Seite wahrnehmen (oder dahin projizieren) als auf der rechten? Vom Theater kannte ich diesen Effekt: Ein Auftritt von links bedeutet etwas völlig Anderes, als ein Auftritt von rechts. Ich dachte mir eine experimentelle Versuchsanordnung aus, bei der Probanden, für sie persönlich sehr unangenehme Wörter links oder rechts und zur Kontrolle oben oder unten zu lokalisieren hatten. In Wirklichkeit projizierte ich ganz kurzfristig neutrale Buchstabenkombinationen, die unmöglich zu erkennen waren. Und es zeigte sich tatsächlich sehr signifikant die Tendenz, Unangenehmes eher links und unten wahrzunehmen als rechts und oben. Mit zahlreichen Hinweisen aus Literatur, Kunst und Politik untermauerte ich dieses Untersuchungsergebnis. Die Arbeit wurde mit sehr gut bewertet, und die dann folgenden mündlichen Prüfungen waren auch kein großes Problem mehr.

Meinen Freund, der, neben seiner Doktorarbeit, an der er saß, seit ich ihn kannte, viel zu tun hatte, unterstützte ich nach Möglichkeit. Da er keinen Führerschein hatte, fuhr ich ihn öfter zu seinen Präsentationen, das war wieder eine Gelegenheit mit ihm zusammen zu sein. Über die Arbeit, das Studium konnten wir gut reden, wenn wir die gefährlichen Themen mieden, war alles gut.

Mein gebraucht gekaufter Fiat 1100 war alt geworden. Und nachdem sich die Vordertür in einem eiskalten Neujahrsurlaub 1966 auf Terschelling plötzlich öffnete und nach hinten knallte, beschloss ich ein neues Auto zu kaufen und bestellte in Zürich einen kleinen weißen Saab, wie mein Bruder ihn hatte. Zwischendurch war ich immer wieder einmal in Zürich gewesen oder traf mich mit Tante Maria in Boppard. Mit Tante Maria hatte ich schon immer einen regen Briefwechsel, der sich nach Vaters Tod intensivierte. Nach ihrem Tod im Juni 1982 fand sich unser gesamter Briefwechsel säuberlich gebündelt. Will sagen, der Kontakt in die Schweiz brach nie ab und zur damaligen Zeit wäre ich nicht auf die Idee gekommen ein Auto mit deutscher Nummer zu fahren. Ich wollte meine Zürcher

Nummer quasi als Rückversicherung behalten. Zwar habe ich den deutschen Führerschein gemacht, aber bis heute noch nie ein deutsches Auto besessen. Ich holte also meinen neuen Saab in Zürich ab.

1968 mieteten wir, Karlfritz und ich, in der Eifel, 40 Minuten von Köln/Bonn entfernt, ein altes Fachwerkgehöft, eine geschlossene Hofanlage, unverändert wie vor fünfzig Jahren, mit Wohnhaus, Backhaus, Scheune und Ställen für Groß- und Kleinvieh. Ich liebte dieses Gehöft und richtete es ein. Hierher zog sich mein Freund zeitweise für seine Doktorarbeit zurück; er korrigierte endlos daran herum, und ich las Korrektur. Nach dem Vordiplom nahm ich ein Semester Urlaub, um ihn besser unterstützen zu können. Im grenznahen Belgien brachte ich ihm das Autofahren bei. Doch auch im Eifelhaus gab es Spannungen: Er versuchte mir tatsächlich weiszumachen, dass eine Scheidung ihm an der Uni sehr schaden würde.

Außerdem glaube er nicht, dass seine Frau jemals einwilligen würde. Aber ich fühlte mich im Häuschen sicherer und die Auseinandersetzungen eskalierten nicht mehr so wie früher. Nach zehn Jahren Doktorarbeit war diese nun endlich fertig, und er machte seinen Doktor mit summa cum laude.

Danach war ich wieder meistens in Köln und ging zur Uni. Ich war jetzt mitten im Hauptstudium mit neuen spannenden Fächern wie Sozial- und Völkerpsychologie, den verschiedenen Schulen der Tiefenpsychologie, Psychopathologie. Es galt viel zu lesen. Eines Tages im Frühherbst 1970 erschienen in meiner Studentenbude zwei Männer und fragten mich, in welchem Verhältnis ich zu Soundso stünde. Ich war total perplex und kam gar nicht auf die Idee die Beziehung zu leugnen. Seine Frau hatte einen Detektiv beauftragt und reichte daraufhin sofort die

Scheidung ein. Er war völlig außer sich, warum ich denn nicht bestritten hätte, ihn näher zu kennen. Ich war fassungslos, warum hätte ich das ableugnen sollen.

Wir lebten dann über ein Jahr in der Eifel. Wieder unterbrach ich mein Studium und übernahm einen Großteil der Büroarbeit, hörte wie toll seine Frau als Schreibkraft sei und bemühte mich besser zu werden. Die Scheidung zog sich hin. Er musste seiner Frau einiges an Unterhalt zahlen. Aus den Scheidungspapieren, die er mir vorenthielt, musste ich dann im Juni 71 erfahren, dass da außer dem Sohn noch eine Tochter war, mittlerweile fast vier Jahre alt. Also kurz vor dem Zeitpunkt geboren, bevor er sich mit mir ins Eifelhaus zurückzog. Also wollte er da in erster Linie seine Ruhe haben.

Ich fühlte mich grauenhaft: Das Schlimmste, was ich mir vorstellen konnte, war geschehen! Meine Ängste, meine Vermutungen, waren keine Hirngespinste gewesen! Seine Mutter, die immer wieder ein paar Wochen bei uns in der Eifel wohnte, machte nie eine Andeutung. Vor kurzem hatte sie mir noch anvertraut, wie sehr sie darunter gelitten habe, dass sie aus einer Bigamie stamme. Ihr Vater war in Berlin verheiratet und gründete mit ihrer Mutter in Thüringen eine neue Familie! Ihr älterer Bruder brachte sich um, als das Ganze aufflog. Die Schwester meines Freundes, mit deren Familie ich immer wieder Kontakt hatte, sagte auch kein Wort. Ich war total enttäuscht, verletzt. Ich fühlte mich von allen so was von verraten und verarscht. Man verstand meine Empörung nicht: Wo eins satt wird, werden auch zwei satt, hörte ich von seiner Mutter. Und Karlfritz? Er tat so, als ob er vergewaltigt worden wäre: Dieses Kind habe er ja auch nicht gewollt. Keine Entschuldigung, kein verstehendes Gespräch!

Irgendwann kriegte ich mich wieder ein, doch das

Vertrauen war restlos hin. Indessen, irgendwie musste es ja weitergehen. Seine Termine waren einzuhalten. Ich konnte ihn nicht einfach hängen lassen. Ich war es ja auch schuld, dass er seiner geschiedenen Frau so viel Unterhalt bezahlen musste, dass er seine Sekretärin verloren hat, dass er seine Kinder, nicht mehr sieht; hätte ich die Beziehung geleugnet..........Irgendwann schliefen wir auch wieder miteinander. Da ich die vom Arzt empfohlene Pillenpause befolgte, verhütete ich mit „Patentex Oval" und fühlte mich sicher. Als die Regel ausblieb, dachte ich, das sei der Psychostress. Es war sehr viel zu tun, ich schrieb Untersuchungsberichte, übersetzte Artikel für ein englisches Marktforschungsblatt, fuhr Karlfritz zu Terminen. Dann bleibt die nächste Regel aus und meine Brüste fühlen sich ganz anders an. Sollte ich doch schwanger sein, trotz Verhütung? Ich sage erst mal nichts und lasse ihn mit seiner Mutter im Eifelhaus zurück. Mit Tante Hilde habe ich schon länger eine Fahrt nach Zürich zu meinem Bruder geplant. Der Test in einer dortigen Apotheke bestätigt die Schwangerschaft; ich kann es kaum fassen: Ich kann schwanger werden! In meinem Elternhaus wird mir sofort klar: Was immer geschieht: Ich will dieses Kind. Es ist, als habe ich plötzlich meine Mitte gefunden. Um mich herum spielen drei Kinder. Neben meinem siebenjährigen Patenkind Peter, der bald vierjährige Andreas und die dreijährige Regula Christina. Ich spüre, meine Familie, mein Bruder, meine Schwägerin, Tante Maria, Tante Hilde stehen hinter mir. Das gibt mir Kraft und Vertrauen zurück.

Im Eifelhaus kommt dann die Reaktion, die ich schon fast befürchtet habe: Entweder Abtreibung oder Schluss der Beziehung. Seltsamerweise bleibe ich ganz ruhig. Ich bemerke, dass seine Mutter heimlich Kontakt zu seiner geschiedenen Frau aufnimmt. Ich habe dann die Dinge abgewickelt, die noch abzuwickeln waren. Unter anderem eine Präsentation in Mainz. Bei der Rückfahrt quer durch die Eifel (Er hat mittlerweile den Führerschein und auch einen gebrauchten „Mercedeswagen", worauf seine Mutter besonders stolz ist) auf dem Rückweg quer durch die Eifel, nach Tondorf, vor Engelgau, biegt er plötzlich auf einen holperigen Feldweg ein, und rast ihn entlang. Ich schreie ihn an: „Halt an, verdammt, halt sofort an! Willst du mein Kind umbringen?" Er hält. Ich steige aus und mache mich zu Fuß auf den Weg. Es ist schon dunkel und kalt: Ende Oktober. Er fährt mir nach, beschwört mich wieder einzusteigen und legt die letzten Kilometer zurück, wortlos auch er. Das Maß ist nun endlich voll! Ich packe meine Sachen und kehre nach Köln zurück.

Ein neues Leben

Am 24. November bin ich zum ersten Mal bei einer mir empfohlenen, mütterlichen Frauenärztin in Köln. Außer Eisenmangel ist alles bestens. Sie wird mich durch die nächsten Monate begleiten, ich vertraue ihr. Ich habe schon eine passende Dreizimmerwohnung gefunden an der Luxemburgerstraße mit Blick auf den Klettenbergpark, bin umgezogen, der Freund einer Kommilitonin half mir dabei. Ich hab den Sekretär meiner Mutter aus der Eifel kommen lassen, einiges neu oder gebraucht gekauft, vermiete ein Zimmer an eine Studentin und habe das Studium wieder aufgenommen – ich hatte mich zum Wintersemester bereits zurückgemeldet, bevor ich nach Zürich fuhr. Ich fühle mich wohl und gehe wöchentlich zur Schwangerschaftsgymnastik. Ich freue mich ganz einfach auf mein Kind. Mein Exfreund meinte mir, bevor ich nach Köln fuhr, noch sagen zu müssen: „Mit Kind wirst Du das

Studium nie schaffen." Ich wusste: Ich werde es schaffen. Für alle erforderlichen Klausuren und Praktika vor der Diplom-Hauptprüfung für Psychologen an der Universität zu Köln habe ich mich angemeldet.

XXXX

Ende Juni 09
Früh schon sitze ich vor dem Bus Richtung Sonnen-aufgang. Filigrane Lärchen lassen den blauen Himmel durchschimmern. Dahinter liegt der Silsersee. Links von mir der Piz Lagrev, der Mont Ventoux von Klaus, das Ziel der Reise. Ich freue mich, dass der Berg sein Ziel ist. Immer, wenn ich im Engadin bin, habe ich das Gefühl: angekommen, an meinem Bestimmungsort zu sein. Mit allen Menschen, die mir irgendetwas bedeuten, bin ich irgendwann im Engadin. Auch mit Karlfritz war ich mal hier, in einem kleinen, damals noch einsam gelegenen Chalet „Soldanella" hoch über Sils-Maria am Eingang zum Fex-Tal: Niemanden störten da unsere manchmal lauten Dispute. Auf dem See habe ich damals eine Forelle durch Blinkern gefangen, meinen ersten und letzten Fisch. Ich zitterte, als er an der Angel zuckte. Ich sollte ihn auch selber töten und tat es auch. Nie wieder habe ich geangelt!! - Sonnenbeschienener Spitzwegerich säumt den kleinen Bach, der an mir vorbei murmelt. Ich habe Frauen-mantelblätter und Schlangenknöterich gesammelt, gleich werden wir einen köstlichen Salat essen. Spitzwegerich könnten wir auch noch hineinschneiden. Klaus bereut schon, dass wir das Wildkräuterbuch mitgenommen haben. Ich schleppe immer neue Kräuter an. Schneide sie an „seinen" Salat. Doch er muss zugeben, dass sie gut schmecken. Nur etwas ungewohnt.

XXXX

103

Es ist bald Ostern 1972. Ich habe alle Klausuren und Praktika erfolgreich hinter mich gebracht. Die Wohnung ist eingerichtet, und ich bereite mich auf die Geburt meines Kindes vor. Ich fühle mich immer noch sehr gut, versuche alle ängstigenden, sogenannten „guten Ratschläge" von mir fernzuhalten. Meine Frauenärztin ist zufrieden mit mir, Mutter und Kind sind gesund. Ich will aber kein Risiko eingehen, schließlich bin ich eine „alte Erstgebärende". Da ich eine Studentenzusatzversicherung abgeschlossen habe, melde ich mich im evangelischen Krankenhaus Weyertal bei Professor Zinser an, dem zur Zeit, wie ich höre, Besten in Köln. Doch vor dem Termin bei ihm fahre ich nochmal vor Ostern mit der Bahn nach Zürich. Vor der Grenze beginnen meine Hände und Füße aufzuquellen, und in Zürich sind sie ganz dick. Georg beruhigt mich. Auf der Rückfahrt schwellen Füße und Hände wieder ab, um in Köln wieder „ganz normal" zu sein. Professor Zinser stellt dann Osterdienstag eine Beckenendlage fest. Das Kind sitzt im Schneidersitz, verkehrt herum. Wenn das so bleibe, müsse ein Kaiserschnitt gemacht werden, meint der Professor.

Davor habe ich Angst. Nicht wegen der Operation. Aber ich will meine wahrscheinlich einzige Geburt ganz bewusst erleben. Ich will mein Kind sofort sehen und nicht wieder aus den Augen lassen. Am liebsten hätte ich nur mit einer Hebamme zu Hause geboren. Die Geburt wurde für den 22. Mai ausgerechnet. Am 18. Mai habe ich einen Termin bei Zinser zum Ultraschall. Noch immer meditiert mein Kind im Schneidersitz! Am Nachmittag beginnen die Wehen. Im Dreiminutenabstand. Also wieder ins Krankenhaus. Eine Kommilitonin fährt mich mit meinem Wagen hin und liefert mich ab: Bei der Untersuchung um 18 Uhr zeigt sich der Muttermund schon ziemlich offen. Der Professor steht betroffen daneben. Jetzt noch ein Kaiserschnitt scheint ihm zu riskant. Also werde ich erst mal in ein heißes Bad befördert. Und da muss es passiert sein, das Wunder. Bei der nächsten Untersuchung liegt das Kind in optimaler Geburtslage: Kopf nach unten. Also ab in den Kreißsaal. Ich wehre alle Versuche mich zu betäuben ab. Nein, kein Lachgas! Nein, auch nicht beim Dammschnitt. Die Hebamme ist hilfreich, die Ärzte stören mich nur. Dann, um 21. Uhr 31. kommt mein Kind zur Welt, ich sehe ihn und lass ihn nicht mehr aus den Augen. Achim, nach Achim von Arnim und Georg nach meinem Bruder, der auch sein Götti wird. Er ist gesund und bekommt in der Neugeborenen-Erstuntersuchung die höchste Punktzahl. Ich bin überglücklich.

Sie lassen uns noch eine Zeitlang im Kreißsaal allein. Er liegt in meinem linken Arm und sieht mich unentwegt mit seinen großen dunkelblauen Augen an. Ich bin wie gebannt. Das also ist MEIN KIND! Ich sehe in diese großen blauen Augen und sehe durch sie hindurch das Wunder LEBEN. Ich bin imstande Leben zu schenken. Auch mir wird neues Leben geschenkt. Ich bin tief ergriffen und erfüllt von einer nie gekannten Dankbarkeit. Diese Stunde will ich für immer festhalten, sie soll nie enden.

Doch bald griff die Maschinerie des Krankenhauses wieder ein. Wir wurden getrennt. Er musste in die Säuglingsabteilung. Ich auf mein Zweierzimmer. Noch gab es kein Rooming in. Leider. Von einer Pflegefachfrau hörte ich:"Ihr Kind guckt aber böse!" Dann wollte ich unbedingt stillen. Sie behaupteten, ich hätte zu wenig Milch und fütterten nach. Man ließ uns nicht in Ruhe. Am vierten Tag war ich ziemlich down. Ich hatte festgestellt, dass sie meine Milch, die ich abgepumpt hatte, weg schütteten und ihn mit Aptamil fütterten. Ich wollte nur noch raus und mein

Kind stillen, wie es die Natur vorgesehen hatte. Die Unterstellung, dass ich dazu nicht in der Lage sei, kränkte mich ziemlich. Ich wartete noch die Neugeborenen-Basisuntersuchung ab und ließ mich von einer Freundin abholen. Ich habe Achim dann sieben Monate gestillt. Es war eine großartige, tief beglückende Erfahrung. Er ist völlig ohne Fläschchen, abgesehen von den paar im Krankenhaus, und ohne Schnuller, Nuggi, groß geworden. Ich habe ihn auch selten gewogen. Welche Tiermutter wiegt denn dauernd ihr Kind.

So wie er mir die Geburt erleichtert hat, erleichterte er mir auch das Lernen, ich brauchte nicht mehr oft zur Uni, verstand mich sehr gut mit meiner Mieterin, der Studentin, die Achim ins Herz schloss, und mit der ich bis heute in Verbindung bin. Ich hatte schon in der Studienzeit einen Job im Heilpädagogischen Institut als studentische Hilfskraft angenommen und trainierte angehende Sonderschullehrer im Testen von Kindern. Ich war drei mal drei Stunden die Woche weg, die ich mit meiner Studentin in der Wohnung gut überbrücken konnte. Eine weitere Hilfe war eine andere junge Mutter im Haus, deren Kind ein paar Monate jünger war als Achim. Wir hüteten gegenseitig unsere Kinder. Das Jugendamt, das über Achim eine Amtspflegschaft ausübte, verpflichtete seinen Erzeuger, nachdem er die Vaterschaft anerkannt hat, zur Zahlung von Unterhalt für seinen Sohn. Ich hatte damit nichts zu tun. Er hat sich dann ein halbes Jahr nach der Geburt zum ersten Mal gemeldet und wollte das Kind sehen. Diesem Wunsch habe ich entsprochen, denn ich wollte nicht, dass Achim nicht weiß, wer sein Vater ist. Er ist übrigens noch vor Weihnachten 71 zu seiner geschiedenen Frau zurückgekehrt, nachdem seine Mutter das Terrain entsprechend bearbeitet hatte. Bedingung war: Sie wollte noch ein Kind von ihm, ein uneheliches, weil auch ich ein nichteheliches Kind von ihm habe. Nachdem die zweite Tochter geboren war, rief er mich an, um mir das mitzuteilen. Es machte mir nicht mehr viel zu schaffen. Achim hat also drei Halbgeschwister.

Einen Monat vor Achims erstem Geburtstag bestand ich das Hauptdiplom und war Diplom-Psychologin. Wir fuhren gleich nach Zürich. Seinen ersten Geburtstag feierten wir in Boppard bei Tante Hilde, wo auch seine Taufe im Taufkleidchen seines Urgroßonkels Meyer-Lübke im November 1972 stattgefunden hatte. Tante Hilde war Patin, mein Bruder Patenonkel oder Gotte und Götti.

XXXX
Die Weihnachtsmäuse

Inzwischen ist Weihnachten. Weihnachten 2009. Ein Sturmtief fegt über die Kölner Bucht an deren südwestlichem Rand wir hausen. Achim ist am 22.ten abends ziemlich spät und entnervt aus Berlin, wo er wohnt, gekommen; erst hatte er eine Mitfahrgelegenheit, die wegen kaputter Wasserpumpe ausfiel, dann war die Bahn total überfüllt, Züge fielen aus oder waren verspätet. Klaus hat gestern das Meyersche Heiligabend-Essen gekocht: Bandnudeln und als Ersatz für die hier nicht auftreibbaren Cipollata - so nannten wir die kleinen Kalbsbratwürstchen, die es nur Heiligabend gab - Nürnberger-Rostbratwürstchen. Ich hatte ihm von dem merkwürdigen Brauch erzählt, und er wollte ihn nachkochen. Es musste damals schnell gehen mit allem. Vater war sogar Heiligabend bis spät auf Praxistour, seine Mutter und seine Schwester kamen um sechs Uhr, die Haushälterin sollte an diesem Tag auch bald Feierabend haben.

107

Wenn wir schon nostalgisch essen, wollte ich auch für die Weihnachtsmäuse sorgen. Als Kind schon war ich zuständig für Baum- und Tafel-Schmuck. Wesentlicher Bestandteil des Baumdekors waren winzige, weiße Porzellanmäuse mit roten Augen. Sieben Stück kletterten den Stamm hoch. Sie waren dann im geschmückten Baum nicht mehr zu sehen, aber sie durften nicht fehlen. So gab ich denn gestern vor, noch welche basteln zu wollen. Nun klettern sie den Kieferast empor, der die Rolle des Weihnachtsbaums spielt und sind unsichtbar. Der Ast stammt von einer Zwergkiefer, die ich vor 30 Jahren zu Weihnachten gekauft, und die jetzt den Mittelpunkt unseres Gartens bildet und jährlich um zwei oder drei Äste gestutzt werden muss, damit der Schatten nicht übermächtig wird. Um das mit dem „Wesentlichen, das unsichtbar bleibt" zu verdeutlichen, habe ich gestern meinen beiden Männern noch aus dem „kleinen Prinzen" die Kapitel mit der Rose und der Zähmung des Fuchses vorgelesen. Daraus hatte ich 1955 ein Marionettenspiel gemacht und meiner Familie Weihnachten vorgespielt. Die schlichten Sätze von Saint-Exupéry berühren mich immer noch, wie sie mich damals berührt hatten. Voriges Jahr hatten Achim und ich Heiligabend gemeinsam „Zwerg Nase" vorgelesen, eines meiner Lieblingsmärchen. Vor 37 Jahren haben wir zwei zum ersten Mal in Boppard bei Tante Hilde Weihnachten gefeiert. Ohne Weinachtsmäuse.

XXXX
Das Eifelhäuschen: eine Pastorale

Achim und ich kamen gut miteinander zurecht. Im Sommerhalbjahr waren wir, so oft es ging, in der Eifel. Aber erst nachdem ich ein Heer von grauen Mäusen aus dem ein paar Monate unbewohnten Haus vertrieben hatte. Alles irgendwie Fressbare war angenagt, auch Bücher, im Bettzeug hatten sie gejungt, erreichbares Geschirr war schwarz überzogen. Diese Mäuse hatten es darauf angelegt nicht unsichtbar zu sein. Aber ich war wild entschlossen mir Haus und Hof wieder zurück zu erobern. Der geschlossene Innenhof war ideal für ein kleines Kind. Dann standen im Haus auch noch ein paar antike Möbel, die ich aus dem Elternhaus in Zürich übernommen hatte. Die Luft war sehr viel besser als in Köln und immer auch ein paar Grad kühler. Bei gutem Wetter spielte sich das Leben draußen ab. Im ersten Sommer lernte ich mit einer Freundin fürs Diplom, während Achim neben uns auf einer Decke herum kugelte. Auf langen Spaziergängen mit Kinderwagen wiederholten wir das Gelernte. Ich wollte ursprünglich mit ihr ins Examen steigen, verschob es dann um ein halbes Jahr um länger stillen zu können. Im zweiten Sommer war meine Freundin Mara mit Mann und dreijähriger Tochter längere Zeit im Häuschen. Ich stellte im Hof Sandkasten und Plantschbecken auf. Achim konnte klettern, ehe er frei lief, konnte singen, ehe er sprach.

Am 21. Juli 1973 klettert er die steile Spiraltreppe im Häuschen hoch, die nur rechts begehbare Stufen hat, links fällt man senkrecht runter. Mir bleibt das Herz stehen. Aber ich greife nicht ein und es geht gut. Er kommt glücklich oben an. Er freut sich unmäßig, als ich ihn lobe. Und ich bin stolz, dass ich meine Angst nicht zeige. Am 10. August erst entschließt er sich frei zu gehen. Er hat ein Gänseblümchen gepflückt, will es mir bringen. Er hockt sich hin, stemmt sich hoch zum Stehen - steht – quietscht, lacht – steht noch immer – geht ein paar Schritte – freut sich unbändig, fällt plumps hin – stemmt sich wieder aus der Hocke empor und geht von nun an. (Foto im Bildteil)

Ich entwickelte Ängste, dass ich ihn sprachlich zu wenig
fördere, dass er, so wie auch ich, erst spät richtig sprechen
lernen würde. Wir schauten noch mehr Bilderbücher an,
ich wiederholte endlos die Namen der Gegenstände um
uns herum. Zu meiner Enttäuschung ahmte er mich nicht
nach. Nicht einmal Mama war ihm zu entlocken. Er
entwickelte seine eigene Sprache. Er nannte alles, was ihn
interessierte „Danne". Und es interessierte ihn vieles und
er ließ sich durch nichts ablenken. Er konnte schon allein
mit dem Löffel essen und aus dem Becher trinken. Und ich
lernte zu sehen, was er alles schon konnte und darauf zu
vertrauen, dass der Rest schon kommen werde. Ich
besorgte ein Rückentragegestell, so waren wir unabhängig
vom Kinderwagen und konnten im Herbst mit den Zürchern
in den Bergen herum kraxeln und am Zürisee entlang
gehen. Im Winter entwickelt sich sein Sprachschatz, den
nur ich verstehe, auf an die dreißig Lautgebilde. Weihnachten singt er mehrere erkennbare Melodien. Er baut
hohe Legotürme, die er mit großer Geduld nach dem
Einsturz immer wieder neu errichtet. Und er wird auf dem
Spielplatz ein Weltmeister im Leiter hochklettern und
runterrutschen.

Im Frühjahr besucht mich Tant' Aja in Köln, ich zeige ihr
beglückt die schönsten romanischen Kirchen, in der Eifel
erlebt sie den großen Stausee, die weiten Wälder. Mit
Hilde fliegen wir nach Rhodos. Achims Wortschatz
erweitert sich beträchtlich und wird allmählich auch für
andere verständlich. In den 14 Tagen genieße ich es sehr,
zwei- dreimal im Meer zu schwimmen, was ich seit der
Maturreise in die Toscana nicht mehr getan habe. Ich kann
die Verantwortung für Achim auch mal abgeben. Kann ich?
Wir sitzen zu dritt am Swimmingpool im Hotelgarten. Achim
spielt zwischen den Gästen herum. Er hat sich

meinen gelben Sonnenhut aufgesetzt und stolziert damit herum. Er sieht köstlich aus mit dem viel zu großen Hut. Ich versuche etwas zu lesen. Plötzlich stürzt sich ein Engländer im hellen Anzug ins Wasser und fischt Achim heraus. Ich falle in ein Loch. Spätestens jetzt wird mir klar, dass ich manchmal überfordert bin, immer allein die volle Verantwortung zu tragen. Dann: Wie geht es beruflich weiter: Nur mit dem Diplom, kann ich nicht viel anfangen; ich will weder in die Wirtschaft noch in die Lehre: Wenn ich therapeutisch arbeiten will, muss ich noch eine Zusatzausbildung machen. Dann brauche ich auch mal jemanden, wo ich abladen kann. Ich kann nicht immer nur stark sein. Ich muss ein paar Dinge ändern. Die Eifelidylle bekommt ein paar Risse. Auch an Achim geht Rhodos nicht spurlos vorbei: Die ersten Anzeichen einer Neurodermitis, die immer bei zu viel Stress erscheint, zeigen sich. Trotz allem ist mir Rhodos in guter Erinnerung. Als Tant' Aja in Köln mit der Bahn wegfährt, bin ich traurig. Achim sagt: „Tante Bahn weg" und bringt damit seinen ersten Mehrwortsatz zustande. Durch Achim belebte sich auch meine Kindheit wieder. Oft hatte ich das Gefühl, die Kindheitsleiter noch einmal zu erklettern.

Nach seinem zweiten Geburtstag werde ich aktiv. Da Achim schon sauber ist, kann ich ihn erst mal stundenweise und dann länger in einer Kleinkindergruppe abgeben. In der „Zeit" habe ich ein Inserat aufgegeben, und ein anderthalb Jahre jüngerer Psychologe meldet sich. Er ist von Achim begeistert, und wir kommen überein, es miteinander zu versuchen. Ich bin froh, dass Achim nach anfänglichem Zögern ihn akzeptiert und achte weniger darauf, ob er denn auch für mich der richtige Partner ist. In der ersten euphorischen Zeit kaufen wir zusammen ein Haus. Es ist das Haus, in dem ich heute noch lebe: Ein altes Haus mit Garten in Südlage, in der Altstadt von Erftstadt-Lechenich 20 km südwestlich von Köln. Ich kündigte die Wohnung in Köln und zog in die Eifel, von wo aus ich in erster Linie die Renovierung des Hauses mit Feuereifer betrieb. Der Psychologe war oft beruflich unterwegs. Achim besuchte inzwischen in Köln eine Elterninitiative, den Kinderladen Hirschbergstraße, in die wir uns auch einbrachten mit Kochen und wöchentlichen Elternabenden. Neue Freundschaften bildeten sich. Wir waren sehr beschäftigt. Im September 75 brachte ich Achim für 14 Tage nach Wuppertal zu meiner Freundin Mara, die mit ihrem Mann am Wuppertaler Theater engagiert war. Es war das erste Mal, dass Achim über Nacht von mir getrennt war. Wir, mein Partner und ich, flogen nach Mallorca zu einem Verhaltenstherapie-Kongress. Um den Kongress herum erkundeten wir die Insel, vor allem die Steilküste, meine „Putzfraueninsel"-Vorurteile schwanden dahin, ich konnte die Touristen weg blenden und war bezaubert von der Landschaft. Allerdings fiel mir auch auf, dass ohne Achim zwischen uns eine eigenartige Distanz war. Sobald das Gespräch persönlicher wurde, wich er aus, war auch kein Augenkontakt möglich. Ängste stiegen bei mir auf. Wiederholt sich hier das Dilemma meiner Eltern? Jüngerer Mann, ältere Frau: Zwei Jahre Altersunterschied!!

Im Getümmel der nächsten Wochen treten die Ängste in den Hintergrund. Das Haus ist bald soweit. Mitte November ziehen wir ein und geben das Eifelhäuschen auf, das wir auch zum selben Preis hätten kaufen können. Doch die Nähe zu Köln und das Ambiente des alten Städtchens Lechenich haben den Ausschlag gegeben.

XXXX

Klaus und ich sitzen an massiven Holztischen an der nahegelegenen Bucht am Silsersee. Klaus malt in Aquarell den Piz Lagrev, ich schreibe an meinem Text. Ein Schauer nach dem anderen lässt uns immer wieder unter die Lärchen fliehen. Dabei soll es ab heute „Sehr schön" werden. Seit Tagen schon hören wir das. Frühmorgens ist es auch wolkenlos, gegen Mittag entlädt sich ein gewaltiges Gewitter, und dann wechseln Sonne und Regen ab.

XXXX

Im Lechenicher Haus

Mit Achim zwischen uns funktionierte alles bestens. Seine Sprachentwicklung explodierte. Mit vier Jahren beglückte er mich mit seiner ersten sprachphilosophischen Bemerkung: "Es gibt zwei Arten von >Nein< Mama, ein wirkliches und eins vor Freude." Er machte mir die zweite Art vor."Neeeeein, das giibt´s doch nicht!!" Im Kinderladen in Köln wurden wir als Psychologen gebraucht, denn es drohten mehrere Elternpaare auseinanderzubrechen. Ich gab Kurse in Psychologie in verschiedenen Volkshochschulen. Im Frühjahr radelten wir zu dritt, d.h. Klein-Achim auf einem Lenkersitz, an der Loire von Schloss zu Schloss. Im Sommer war ich ohne Kind mit einer Freundin aus dem Kinderladen mit Zelt im Elsaß unterwegs. Als ich zurückkam, entdeckte ich in einer Ritze im Sofa im Wohnzimmer ein Unterhöschen, das nicht mir gehörte. Ja, da sei eine junge Studentin in dem Institut, an dem er seine Doktorarbeit macht, er sei hin-und-hergerissen. Nach einem weiteren hin-und-hergerissenem Jahr mit endlosen Gesprächen, einem Ski- und einem Toscana-Urlaub mit Achim und mir und längeren Ferien mit der Studentin, drang ich auf eine Entscheidung, drohte, ich würde auf Inserate achten und interessante Anzeigen beantworten. Inzwischen hatte ich zehn Kilo weniger als normal. Nach einem weiteren ausgedehnten Frankreich-Urlaub mit seiner Studentin, setzte ich die Drohung in die Tat um. Ich antwortete auf das Inserat eines etwas älteren „Kunstschaffenden", der einen fünfeinhalbjährigen, nichtehelichen Sohn hatte, und eine Partnerin suchte. Also gleiches Alter wie Achim. Ich traf ihn, er war 19 Jahre älter als ich. Ich besuchte ihn und seinen Sohn mit Achim im Schwarzwald in seinem Haus mit großem Grundstück in einem traumschönen Natur-Reservat. Ich war ganz angetan. Das reichte dann, um bei meinem Lebensgefährten, die Entscheidung auszulösen. Eben hatte er mir noch beteuert, dass er mich und vor allem Achim nicht verlieren wolle. Nun zog er gekränkt und entrüstet aus dem Lechenicher Haus aus.

Der Kunstschaffende" rief mich dann Mitte Januar 78 (es war Freitag, ein dreizehnter) an: Er hätte ein Angebot in Australien einen Film zu drehen – ob ich bereit sei zu kommen mit Achim, um in der Australienzeit seinen Sohn zu betreuen. Er könne sich auch vorstellen, dass wir zusammenbleiben könnten. Ich müsse mich aber schnell entscheiden, denn Anfang Februar müsse er weg für drei Monate. Schweren Herzens entschied ich mich dann zu fahren, denn die beiden kleinen Kerle hatten schon einen Draht zueinander gefunden. Nach der Krise mit meinem Psychologen hatte ich Achim aus dem Kinderladen in Köln herausgenommen, weil es mir zu viel wurde, ihn täglich dahin zu bringen. Er war jetzt in einer Elterninitiative in Erftstadt integriert; ihn da wieder heraus zu reißen, fiel mir schwer. Auf der anderen Seite, war dieser mutterverlassene Kerl, der nun drei Monate auch vaterlos sein sollte. Wir fuhren also mit sehr gemischten Gefühlen in den Süden. Es blieb ihm noch Zeit, uns in seinen Freundeskreis einzuführen. Er war mit mir auch beim Notar: Falls ihm in Australien etwas zustößt, hat er mich testamentarisch abgesichert, und mir die Verantwortung für seinen Sohn übertragen, den er adoptiert hatte. Dann kurz nach meinem vierzigsten Geburtstag war der „Kunstschaffende" verschwunden.

Inzwischen hatte ich auch eine Therapieausbildung begonnen am Fritz-Perls-Institut in Düsseldorf. Von allen Therapierichtungen reizte mich die Gestalt-Therapie am meisten. Die Initiationsriten hatte ich schon hinter mir, und ich war einer Ausbildungsgruppe in Hamburg zugeteilt worden. Ich hatte sichergestellt, dass ich in der Schwarzwaldzeit die Ausbildung fortsetzen konnte. Es handelte sich um ein Wochenende, an dem ich nach Hamburg fuhr; das mir aber half, nicht ganz im Kinderalltag zu versinken und etwas zu reflektieren, was ich da eigentlich machte.

Die beiden Jungs verstanden sich nach anfänglichen Schwierigkeiten prächtig, wie Max und Moritz. Hatten sie was ausgefressen, schob keiner dem andern den schwarzen Peter zu. War keiner bereit den andern zu verraten. „Wir beide sind es gewesen". Vom Australier kamen häufige Briefe und ein paar Telefonate.

Ich las Ihnen viel vor. Sie schafften sich eine eigene Fantasiewelt. Ohne Fernsehen konnten sie sich stundenlang beschäftigen, zeichnen, malen und erzählen. Der Kleine wuchs mir so ans Herz, dass ich mir schwer vorstellen konnte, nach drei Monaten einfach wieder zu verschwinden.

Als der Kunstschaffende wiederkam, Ende April, begann bald eine schwierige Zeit. Er war durch die Filmerei ziemlich gestresst und traf auf eine bestens eingespielte

Gemeinschaft. Die Zwei, die lebhaft und voller Tatendrang waren, nervten ihn. Dazu kamen Zänkereien mit der leiblichen Mutter seines Sohnes. Sie wollte die Adoption anfechten. Er kam emotional auch nicht damit zurecht, dass sein Sohn auch zu mir eine starke Beziehung entwickelt hatte, was er zwar toll fand, was ihn gleichzeitig jedoch sehr irritierte. Ende Mai erklärte er das Unternehmen für gescheitert. Er nutzte ein Ausbildungs-Wochenende, das ich in Hamburg verbrachte, um seinen Sohn außer Haus zu bringen. Ich konnte mich nicht mal von ihm verabschieden.

Ich floh mit Achim nach Zürich. Die abrupte Trennung von dem Kleinen – wobei ich stark vermutete, dass der Kunstschaffende ihm vermittelt hatte, dass ich ihn im Stich ließ – das alles tat einfach nur weh. Ich hab den Kleinen nie wieder gesehen. Achim und ich, wir beide waren nicht gut drauf. Ich überlegte hin und her, ob ich meine Zelte in Deutschland abbrechen, wieder zurück in die Schweiz ziehen sollte. Das hätte aber bedeutet, dass der Kontakt zu Achims Vater ganz abgebrochen wäre, immerhin sahen sie sich öfter. Das wiederum wollte ich auch nicht. Eine Brustoperation wegen eines Tumors, die sich später als überflüssig erwies, war dann noch das Tüpfelchem auf dem i.

Zur Gestaltausbildung gehörte auch eine Lehranalyse, die ich in Köln fortsetzte. Für ein vierwöchiges Intensivseminar auf einer jugoslawischen Insel hatte ich mich schon angemeldet. Es musste wieder einmal irgendwie weitergehen. Ich beschloss daher bleischweren Herzens, Achim vor der anstehenden OP und dem Seminar für drei Monate zu meiner Schwägerin und meinem Bruder nach Zürich zu geben. Zum ersten Mal waren wir richtig lange getrennt. Bei meinem Bruder war er erst mal vor mir und meinen „Abenteuern" sicher. Wir haben uns zwar ein paar mal gesehen, der fünfzigste Geburtstag meines Bruders mit einer großen Feier fiel auch in diese Zeit. Aber ich fühlte mich als miserable Mutter, die nicht in der Lage war, ihrem Kind eine stabile Umgebung zu bieten. „Alles, wo mir i d' Finger chunnt, zerbricht mr i de Händ" höre ich Mani Matter singen. Achim hat übrigens in den drei Monaten Züridütsch etwas sprechen, vor allem aber gut verstehen gelernt.

XXXX

An diesem gefühlten, absoluten Tiefpunkt meines Lebens brauche ich ein Verschnaufpause. Am 30ten Juni endlich scheint das Wetter etwas stabiler zu werden. Nach dem Mittagssalat mit Bergkräutern fahren wir mit den Velos zur Stelle, wo der Inn in den See fließt, steigen von Cadlägh oder Capo Lago – wo der von uns sehr geschätzte Alberto Giacometti ein Haus hatte – steil aufwärts. Klaus möchte nach Grevasalvas, das Dörfchen auf der Flanke des Piz Lagrev. Wir verpassen den kürzeren Weg und steigen hoch bis auf die Via Engadiana. Bald sind wir allein in einem überirdisch anmutenden Hochtal. Die sich neigende Sonne in unserem Rücken modelliert die Berge, der Silsersee rechter Hand flimmert, die in üppigen Farben blühenden Bergwiesen würzen die Luft und lösen sich im schimmernden Gegenlicht fast auf, wirken wie illuminiert. Wir kommen durch den Flecken Blaunca und sehen von da auf das tieferliegende Grevasalvas hinüber. Wie verzaubert gehen wir weiter. Ich kann mich nicht erinnern je eine schönere Wanderung erlebt zu haben. Nach fünf Stunden kommen wir müde und beglückt bei unseren Fahrrädern wieder an.

117

XXXX

Zurück zum Tiefpunkt. Ich sah mich auch nicht in der Lage in dem Haus in Erftstadt mit Achim allein zu leben. Der Psychologe war mittlerweile ganz ausgezogen und hatte mir seinen Anteil an dem Haus übertragen, somit konnte ich allein darüber verfügen. Meine Freundin und Kollegin Claudia schlug mir vor, in eine freigewordene Wohnung in ihrem Haus zu ziehen. Wir könnten uns dann zusammentun, und gegenseitig die Kinder übernehmen, wenn wir außer Haus wären. Sie hatte eine vierjährige Tochter und einen ein Jahre alten Sohn. Ihr Mann war Rektor des Pulheimer Gymnasiums.

Ich schaute mir die Wohnung an. Drei Zimmer mit Balkon mit Blick nach Westen. Ihre Maisonette-Wohnung war durch einen Flur zu erreichen. Ich wollte meine Ausbildung in Hamburg unbedingt weitermachen. Achim sollte im Herbst 78 eingeschult werden. Wie sollte das alles gehen? So habe ich ihr Angebot dankbar angenommen. Ich suchte und fand auch Mieter für mein Haus. Ich renovierte die Wohnung und zog um und renovierte das Haus, soweit nötig.

Zwischenspiel in Pulheim

Achim sprach Deutsch mit einem starken Schweizer-Akzent. Pulheim hatte eine ganz andere Bevölkerungs-Struktur als Erftstadt. Etliche Arbeiter aus den nahe gelegenen Fordwerken wohnten hier. Ich hatte große Ängste, dass Achim abgestempelt wird, „anders als die Anderen" zu sein. Dazu ohne Vater. Ich hatte Angst, dass sich mein Schulschicksal wiederholt. Er war gewohnt Konflikte durch Reden zu lösen. Seine linksgefärbte, pazifistische Mutter hielt nichts von Fußball und anderen brachialen Auseinandersetzungen. So war er tatsächlich bald „der blöde Achim". Es erging ihm so ähnlich, wie mir damals. Der Wiederholungszwang hat voll zugeschlagen. Mit Claudias Tochter verstand er sich gut. Mit ihr konnte er wieder endlose Gespräche führen. Ich fühlte mich in dem Mietshaus nicht besonders wohl. Von unten wurde mit dem Besenstiel geklopft, wenn Achim etwas lauter war. Das Haus war schlecht schallisoliert. Über uns befand sich das Büro des Hausbesitzers. Jeder Schritt, jedes Rücken der Sessel drang durch. Schön waren die Sonnenuntergänge: Von den nahen Braunkohle-Kraftwerken stiegen weiße Dampfwolken auf und färbten den Abendhimmel rosa bis glutrot.

Beruflich fasste ich langsam Fuß. Ich machte meine Ausbildung in Hamburg weiter, hielt wieder Volkshochschulkurse ab, leitete Wochenendseminare in Selbsterfahrung. In den Schulferien führte ich öfter wöchentliche Selbsterfahrungs-Seminare durch. Die Kinder der Teilnehmer, auch Achim, wurden dann in Gruppen betreut. Im Februar 1979 bewarb ich mich bei der Pro Familia, die eine Diplom-Psychologin für ihre Beratungs- und Therapieangebote in persönlichen- und Partnerschafts-Krisen suchte. Nach dem Vorstellungsgespräch hörte ich lange Zeit nichts. Ende April kam ein Telefonanruf, ob ich nächste Woche anfangen könne. Eine Probezeit wurde vereinbart, Supervision sollte meine Arbeit begleiten. Wir hatten zwar in der Ausbildung immer wieder Therapie-Situationen simuliert. Aber ich fragte mich schon, wie ich mit meinem ungeordneten Leben es wagen konnte, anderen Menschen helfen zu wollen, ihr Leben zu ordnen. Entsprechend groß waren meine Ängste. Es ließ sich jedoch ganz gut an in der kleinen Beratungsstelle auf der anderen Rheinseite. Auf der 40-minütigen Autofahrt konnte ich mir die Stunden noch mal durch den Kopf gehen lassen. Mit Bachs „Wohltemperierten Klavier", welches ich immer hörte, klärte und ordnete sich alles. Mit der Zeit wurden es mehr Stunden, eine zweite Beratungsstelle kam dazu. Pro Familia bietet Fortbildungen, die als Arbeitszeit gelten. Von 1983 bis 1985 machte ich dann noch eine Ausbildung als analytische Sexual- und Partnerschaftsberaterin, die vom Frankfurter Institut für Psychoanalyse für Mitarbeiter der Pro Familia durchgeführt wurde.

Doch ich greife vor: Ich muss erst noch vom dritten Inseraten-Flop be(r)ichten. Nach dem Motto: Was zweimal schief geht, wird endlich gut, versuche ich es im Sommer 1980 noch einmal mit einem Inserat in der „Zeit". In einem 10-seitigen Brief beteuert ein 1937 in Berlin Geborener sein großes Interesse an einem Kind. Sein Vater sei gestorben, als er ein Jahr alt war, die zwei Jahre ältere Schwester sei vor ein paar Jahren in der Bretagne ertrunken, die zweite Ehe der Mutter nach wenigen Jahren geschieden. Sie seien dann ins Rheinland gezogen, wo er in einem Jesuiten-Kolleg in Bonn Abitur gemacht habe. Seine Mutter sei vor kurzem gestorben, er sei noch dabei ihre Wohnung aufzulösen. Er wäre acht Jahre verheiratet gewesen, leider ohne Kind, seit acht Jahren geschieden, habe Ingenieur studiert, auch Betriebswirtschaft und Soziologie, habe als Städteplaner gearbeitet, sei zur Zeit als Wirschaftsprüfer arbeitslos usw. usw. Beim ersten Treffen gesteht er, dass er momentan wegen Alkohol keinen Führerschein hat, aber da ich auch ganz gern Rotwein trinke, denke ich mir nicht so viel dabei. Er kocht gern, raucht viel, ist sehr wortgewandt, hat ein eidetisches Gedächtnis, ist vielseitig interessiert, auch an Psychologie.

Ich fahre kurz danach in den Sommerferien mit Achim in die Bretagne zur Studentin, die ihn als Baby betreut hat, und die inzwischen in Nantes mit fünfjähriger Tochter und Mann lebt. Am Atlantik verbringen wir zusammen heitere Strandtage. Auf dem Rückweg lasse ich Achim in Zürich und besuche ein Kriseninterventionsseminar, in dessen Verlauf ich mir den rechten Ellbogen auskugele. Als wir zurück sind, nistet der „Studierte" sich ein, kümmert sich rührend um die Halbinvalide mit dem Gipsarm, macht sich nützlich, kocht, ist da, wenn ich arbeite, bastelt mit Achim Flugzeuge. Es lässt sich nicht schlecht an. Meine Freundin ist zwar skeptisch, sie hat Bedenken ihn mit Achim allein zu lassen. Ich wische ihre Besorgnis beiseite. Als ich ihm von meinem Haus in Lechenich erzähle, ist er begeistert. Der Garten, toll, da könnten wir Gemüse anpflanzen, alternativ leben. Wäre doch auch für Achim schön, wieder im eigenen Haus zu sein. Wir fühlen uns in Pulheim nicht wirklich wohl; im Winter brüte ich eine Bronchitis nach der anderen aus, vermutlich auch wegen der Braunkohlefeinstaubpartikel, die mit dem vorherrschenden Westwind sich in unserer Wohnung niederlassen. Es braucht nicht mehr viel, zunehmendes Meckern des Vermieters, und ich bin bereit, mit dem Studierten und Achim wieder ins Haus zu ziehen.

Ich melde Achim fürs dritte Schuljahr in Erftstadt an und kündige den Mietern im Haus. Bei Renovierungen – die Küche muss ausgeschachtet werden, isoliert, ein neuer Betonboden gegossen, dann gefließt werden - hilft er tatkräftig mit. Inzwischen bin ich handwerklich ziemlich gewieft. Er ist auch nicht schlecht. Auch sonst ist einiges in Haus und Garten zu tun, ehe wir umziehen können. Beim Auszug aus der Pulheimer Wohnung findet sich Schimmel an der Wand hinter dem antiken Sekretär meiner Mutter.

Wieder auf eigenem Grund und Boden

Ich merke, wie wichtig es mir ist, wieder ins eigene Haus zu ziehen. Ein Ort, von dem Achim und mich niemand mehr vertreiben kann. Wir fühlen uns auch gleich wieder wohl und geborgen in dem alten Haus in der Altstadt. Ich bin froh, wieder in der jungen Erftstadt zu sein, mit vielen z.T. akademischen Neubürgern, gelegen an der Erft mit viel Grünland zwischen den sechzehn Stadtteilen und weit weg von den Kohlekraftwerken, mit viel West - Südwestwind, der sich über der Eifel mit würziger Waldluft anreichert. Und nicht zuletzt ist das Haus auch ein Teil meiner Altersversorgung.

Ich bin mit dem Wort „Liebe" sehr vorsichtig geworden. Auf meine Frage, warum er bei mir bleibe, meinte er: es sei so bequem. Vorteile hat es ja auch für uns: Wir sind wieder in Lechenich. Er beginnt eine Heilpraktiker-Ausbildung und will vorerst die Hausmann-Rolle übernehmen, während ich meine Berufsrolle ausweite. Damit er in meiner Krankenkasse mitversichert ist, heirate ich ihn Ende November 1981. Tante Hilde ist Trauzeugin. Von da an trage ich den Doppelnamen Meyer-Jachmann. Achim´s Bemerkung danach: Wie gut: „Jetzt bin ich endlich nicht mehr unehrlich", berührt mich schon sehr. Achim hat doch tatsächlich „unehelich" das er wohl öfter hörte, als „unehrlich" missverstanden und nie darüber gesprochen. Dabei war „ehrlich zu sein", nicht aus Angst lügen müssen, wie ich es als Kind öfter tat, eine wichtige Abmachung zwischen uns! Dies erinnert mich an mein „Verlesen" etwa im gleichen Alter wie er. Las ich doch im Inseratenteil der NZZ immer „Traurige", und war überrascht als ich später realisierte, dass es „Trauringe" hieß. Für mich war Ehe als Kind eben etwas Trauriges.

Durch Achims Ausspruch wurde diese Heirat doch mehr als ein Verwaltungsakt. Für ihn sind wir jetzt eine richtige Familie. Achim lebt sich gut ein. Der Sohn vom Nachbarn gegenüber ist jetzt sechs, die Tochter, mit der er im Kindergarten war, gleichaltrig. Seine Neurodermitis, die in Pulheim immer wieder schlimm aufgeblüht war, ist verschwunden. Ich fühlte mich dabei immer mies, hatte ein schlechtes Gewissen. Wenn ich nach Hamburg fuhr zu den Ausbildungswochenenden, und die Haut war grad mal heil, konnte ich sicher sein, dass abends, wenn ich anrief, alle sensiblen Stellen voller Ausschlag waren. Ich war so dankbar, dass das jetzt vorbei war. In der Klasse ist er bald gut integriert. Er wird ein guter Schüler. Seine Aufsätze im dritten und vierten Schuljahr sind Spitze, wie sich seine Lehrerin noch Jahrzehnte danach im Gespräch mit mir erinnert.

Das erste Jahr verläuft auch ganz passabel bis prima. Die Heilpraktiker-Geschichte interessiert auch mich. Ich begleite den Studierten zu ein paar Wochenenden. Wir fahren alle drei zu den großen Friedens-Demos nach Bonn. Er versucht sein Rauchen in den Griff zu kriegen (vier Päckchen am Tag). Wir schlafen auch lustvoll zusammen. Wir erleben über Karneval zu dritt sehr schöne Skiferien in den Vogesen. Manchmal stört mich sein Hang alles endlos auszudiskutieren. Besonders wenn ich zur Arbeit muss, versucht er mich ins Gespräch zu verwickeln. Wenn wir abends Wein trinken, bemerke ich manchmal, dass er nicht viel verträgt, auch schon mal provozierend und beleidigend wird. Am nächsten Morgen weiß er von nichts.

Tant' Aja schreibe ich am 19. März 82. „Ich denk in der letzten Zeit oft an die Zeit vor zehn Jahren zurück, an meine Entscheidung, mein Kind allein zu bekommen und an all die Konsequenzen, die sich daraus ergaben. Und ich wollte Dir, will Dir ganz einfach dafür danken, dass Du auf eine so bedingungslose Art zu mir gehalten hast, trotz meiner Irrwege; ich spürte, wie Du mich, wie Du vor allem Achim akzeptiertest, und das hat mir Mut gemacht auf meinem Weg. Das alles war überhaupt nicht selbstverständlich, für alles bin ich Dir tief dankbar und werde es nie vergessen. - Bei uns geht es gut, die Lechenicher Luft bekommt uns gut, keiner von uns war krank in diesem Winter. Jetzt nützen wir die freie Zeit und trockenen Stunden um im Garten zu wühlen. Wir legen ihn ganz neu an. Hinten Gemüse und Gewächshaus, vorne Blumen und Gewürze. Dann errichten wir eine neue Weinpergola am sonnigen Platz zwischen Garage und Schuppen. Da steht ein uralter Weinstock, der voriges Jahr wieder ausschlug und im Herbst, als wir einzogen, zum ersten Mal wieder Trauben bildete. Ist das nicht ein gutes Zeichen? Die Rebe an der alten Pergola ist in den Pulheimer-Jahren eingegangen. Gerne hätte ich Dich bei uns, wenn es schön warm und und alles fertig ist."

Leider ist es dazu nicht mehr gekommen. Tant' Aja war schon länger an einem Lungenemphysem erkrankt, wie ich dachte. Mein Bruder hat mir vor zwei, drei Jahren erst gesagt, dass es Lungenkrebs war. Im Dezember hatten wir alle ihren 80ten Geburtstag gefeiert. Sie freute sich so sehr, dass Achim nun eine komplette Familie hatte. Am 18. Mai, an Achims 10. Geburtstag, kommt der letzte Brief von ihr, in dem sie von einer Frühlingsfahrt berichtet, die sie trotz der Müdigkeit so sehr genossen habe. Dann empfiehlt sie mir ein Fachbuch, das sie sehr erfrischend findet, weil die Dinge beim Namen genannt werden, was nicht allzu häufig sei. Dann bekümmert sie sich sehr über den Gesundheitszustand von Tante Hilde und ihrem Bruder

Walter. Kein Wort über ihren eigenen, sehr kritischen Zustand. Georg ruft am 3. Juni an, sie liege im Krankenhaus im Sterben. Ich fahre sofort nach Zürich, Georg und ich wechseln uns an ihrem Bett ab. Sie ist ganz klar und ruhig. Onkel Walter kommt am 6. Juni vormittags aus Bern an. Es ist ein klarer schöner Sommertag, die Luft voller Lindenduft. Ich hole ihn ab. Wir fahren zu ihr und Georg. Eine Weile sind wir zu dritt bei ihr, dann treten die beiden Männer wieder auf den Flur hinaus. Ich bin ganz nah bei ihr. Sie schaut mich mit ihren großen blaugrauen Augen an. Wie Vaters Augen. Ich danke ihr für ihre Liebe und Fürsorge. Dann beginnt sie leise ein Gedicht von Matthias Claudius zu sprechen:

Motet

Der Mensch lebt und bestehet
Nur eine kleine Zeit;
Und alle Welt vergehet
Mit ihrer Herrlichkeit.
Es ist nur Einer ewig und an allen Enden,
Und wir in seinen Händen.

Wir sprechen die Zeilen miteinander. Tränen steigen mir in die Augen. Ich nehme Sie behutsam in meine Arme, wir sehen uns an und ganz sanft lässt sie los und gleitet hinüber. Ich bleibe noch eine Weile so, erfüllt von einer tiefen Dankbarkeit.

Georg und ich gehen gemeinsam zum Standesamt, wählen Sarg und Urne aus, ganz schlicht hat Tant' Aja gewünscht, mein Mann und Achim kommen, und Fronleichnam findet die Verabschiedung im großen Krematorium Nordheim statt. Sie hat Conrad Ferdinand

125

Meyers Schwester: Betsy Meyer und seine Tochter Camilla noch gekannt. Sie war diejenige, die immer die Familiengeschichte hochhielt und uns nahezubringen versuchte, während uns andere Dinge wichtiger waren.

XXXX

Anfang Juli 2009: Morgens strahlende Sonne am tiefblauen, wolkenlosen Engadinerhimmel. Jetzt oder Nie. Ich möchte einen Berg besteigen. Den Piz Lunghin. Oder wenigstens bis zum Pass kommen, zu dem geheimnisvollen ORT, von wo das Wasser nach drei Himmels-Richtungen fließt, in Inn, Maira und Julia und somit in Donau, Po und Rhein, so dass ich Schwarzes Meer, Mittelmeer und Nordsee imaginär verbinden kann. Als Kind schon hat mich dieser Ort gebannt; 1984 als wir alle gemeinsam in Casaccia in den Ferien waren (Georgs Familie und wir), habe ich ihn Achim gezeigt. Klaus begleitet mich bis zum Einstieg und bittet mich vorsichtig zu sein. Er will in Maloja bleiben. Es geht steil hoch immer den Inn im Blick, der sich in mehreren Wasserfällen zu Tal stürzt, dazwischen sprudelt er durch Wiesen voller Bergfrühling. Damals sind wir auch diesen Weg hochgestiegen. Beim steilen Abstieg nach Casaccia entdeckte ich eine weißgrüne Steinplatte, die ich einfach mitnehmen musste. Sie liegt jetzt als Sitzplatz auf dem Mäuerchen, das unsere überdachte Terrasse vom Teich abgrenzt. Sie bildete auch den Anfang eines Riesen-steinhaufens, den ich im Laufe der Jahre aus dem Bergell und anderen Tälern meist aus Bachbetten wegschleppte. Sie alle bevölkern meinen Garten und geben mir das Gefühl ein Stück Heimat um mich zu haben. Schon liegt der See weit unter mir, vom Unterengadin ziehen Wolken auf, auch aus dem Bergell kommen sie herangekrochen. Nur zum Murettopass hin, über den Jürg Jenatsch seine tote Frau barg, und auf meinem Weg scheint die Sonne. Wenigstens zum Lunghinsee muss ich es schaffen. Der ist noch halb zugefroren und von Schnee umgeben. Es ist kalt hier, einige Tropfen fallen. Zum Pass sind es noch 30 Minuten, aber tiefverschneite. Wind kommt auf. Ich sehe die Passhöhe, schade, vielleicht ein andermal. Als ich zurückgehe, sind links von mir die Berge, der See verschwunden, Blitze zucken, Donner grollt, Regenschleier wabern, auch im Bergell brodelt es. Nur da, wo ich mich bewege und im Fornotal leuchten die Blumen im Sonnenlicht. Das glaubt mir keiner. Also beeile ich mich, befürchte, dass Klaus sich beunruhigt. So ist es auch, doch ich komme trockenen Fußes hinunter. Er hat inzwischen in Maloja am Kiosk ein Foto von Pina Bausch gesehen. Wenn wir unterwegs sind, gibt es weder Radio noch Zeitung noch Fernsehen. Auch das Handy ist nur abends von 19 – 21 Uhr an. Jetzt hat er erfahren, dass Pina am 30. Juni gestorben ist. Wir sind beide bestürzt. Beide haben wir uns schon seit längerer Zeit intensiv mit dem Tanztheater auseinandergesetzt. Aus dieser Betroffenheit erwächst die Idee einer gemeinsamen Ausstellung: „In Memoriam Pina Bausch“. Wir haben dies später auch realisiert: Im Eifelmuseum in Blankenheim vom 17. Januar bis 28. Februar 2010.

XXXX

Nachdem wir ein Jahr verheiratet sind, fängt es an zu kriseln. Bei mir kommt eine weitere Beratungsstelle dazu, ich beginne die Sexualberaterausbildung der Pro Familia, bei der ich immer wieder ein Wochenende in Darmstadt verbringe. Dazu gehört auch eine umfangreiche Literaturliste, die ich abarbeiten will. Mein Interesse für seine Theorien, die mir auch schon mal abstrus erscheinen, nimmt ab. Sein Hausmann-Dasein macht ihm immer weniger Spaß, ohne dass er etwas dagegen unternimmt, seine Heilpraktiker-Ausbildung vorantreibt, oder sich bewirbt. Er hat ja keinen Führerschein, wie kann er sich da bewerben. Wie ich jetzt erst erfahre, ist der Führerschein schon zum dritten mal weg, also endgültig. Achim ist ab Herbst 1983 auf einem Tagesgymnasium in der Nachbarstadt mit Mittagsbetreuung. Er hätte also Zeit, sich um seine Dinge zu kümmern. Lieber geht er aber in Kneipen, wo man seinen Vorträgen Bewunderung zollt. Besonders schätze ich, wenn er am Sonntag zum Frühschoppen geht, wenn wir zu dritt etwas unternehmen könnten. Der Tag ist dann gelaufen.

Ein Jahr nach Tant' Aja, stirbt Tante Hilde in Boppard. Im Jahr drauf stirbt Onkel Walter. Ich bin froh, dass sie vom Niedergang meiner Ehe nichts mehr mitkriegen.

Er bringt sich auf eine Art in Achim' s Erziehung ein, die mir extrem missfällt. Der Spruch „Leichte Schläge auf den Hinterkopf fördern das Denkvermögen" macht mich rasend. Er kritisiert meine Erziehung: Jahrzehnte später erfahre ich von meiner Schwägerin, dass er in langen Telefongesprächen nach Zürich versucht hat, sie zu überzeugen, dass es für Achim das Beste wäre, er käme in ein Internat. Als Mutter sei ich doch sehr fragwürdig.

Ich habe dann noch den Versuch einer Paartherapie gestartet, bei der er den Therapeuten spielte und mich zu therapieren versuchte. Öfter war ich allein da, weil er noch im Bett lag und seinen Rausch ausschlief. Immer öfter kommt er abends betrunken nach Hause, und dann wird es ungemütlich. Er provoziert, wird aggressiv, auch schon mal handgreiflich. Eine meiner „Freundinnen" deren Ehe auseinander bricht, sucht Trost bei ihm und er bei ihr. Das kratzt mich noch nicht einmal besonders.

In der „Paartherapie" kristallisiert sich für mich immer stärker heraus, dass eine Trennung – Scheidung für Achim und mich die einzige Lösung ist. Wie sich später herausstellte, hatte er auch versucht, wenn er abends mit Achim allein war, (ich hatte zweimal die Woche Abend-Sprechstunde) ihn auf übergriffige Weise „aufzuklären".

Im November 84 ging ich zum Anwalt und reichte die Scheidung ein. Er riet mir die Spuren der Angriffe auf mich vom Arzt dokumentieren zu lassen. Das tat ich dann auch und wurde bereits im April 85 geschieden. Bei der Scheidungsverhandlung versucht er dem Gericht zu erklären, ich hätte mir die Verletzungen selbst beigebracht, ich hätte ihn als Hausmann missbraucht. Ihm stünde eine entsprechende Entlohnung zu. Ein Blick des Richters auf seine wohlgepflegten Hände reichte. Er wurde aufgefordert, die eheliche Wohnung binnen Monatsfrist zu verlassen. Ohne Führerschein könne er das nicht. Ich verhalf ihm zu einem neuen Führerschein und zu einem gebrauchten Auto. Als er dann immer noch nicht bereit war auszuziehen, sind Achim und ich, so oft es ging, dem Haus ferngeblieben. Im Sommer 85 war er dann endlich weg; doch jetzt begann ein Nerven zermürbender Telefonterror; er versuchte Achim mit Geschenken zu bestechen, mich mit der Mitleidstour zu ködern. Es war alles nur noch peinlich, unwürdig, krank. Ich lernte mich endlich abzugrenzen, und jedes Verständnis oder Mitgefühl abzuwürgen. Dies dauerte noch einmal ein paar Wochen und dann war endlich Ruhe.

Die Jahre nach der Scheidung.

Achim war eben 13 und ich 47 Jahre alt und ich schwor mir: Kein weiterer Mann mischt sich jemals mehr in unser Leben ein!

Als erstes schrieb ich meine Abschlussarbeit und beendete die analytische Ausbildung in Darmstadt mit einem Kolloquium Ende November 1985. Hierauf reinigte ich das Haus von den ganzen Nikotinspuren, die sich als braune Schicht auf Möbeln, Wänden, Vorhängen, Teppichen niedergelassen hatten. Und wir, Achim und ich richteten uns neu ein. Ich leistete mir eine neue Küche und neues Geschirr. Dann erwarb ich ein Klavier von einem Chorleiter. Achim hatte schon in Pulheim Klavierstunden und übte auf einem Clavicord, das in einer Mietwohnung eben noch geduldet wurde. Als Krönung überwand ich meine Technophobie und schaffte für Achim, einen Computer, einen Atari an. Achim war mit 14 noch relativ klein, kaum größer als der drei Jahre jüngere Nach-barssohn. In einem Jahr schoss er empor und wurde ein junger Mann. Mit 16 hatte er seine 182 cm erreicht. Meine Aufzeichnungen aus meiner eigenen Pubertätszeit, waren mir jetzt eine große Hilfe. Achim hat sich sehr energisch von mir abgenabelt. Wenn wir mal gemeinsam irgend-wohin gehen mussten, hielt er sich zwei Meter vor oder hinter mir und signalisierte mir: Distanz. Selbst an Orten, wo keiner uns kennen konnte. Er lief hauptsächlich in grauen Jeans, grauen Hemden herum. Ich hatte schon lange aufgegeben ihm Kleidung zu kaufen. Abends kochte ich, wenn ich zu Hause war, aß und stellte sein Essen warm. Wenn ich Abendsprechstunde hatte, brachte ich was von unterwegs mit. Meist saß er dann noch am Computer und programmierte. Er begann kleine Spiele selber zu entwickeln - anfangs, weil ihn die lausige Programmierung einiger Spiele ärgerte, dann packte ihn das Programmieren und die Informatik immer mehr.

Achims Konfirmation im Mai 1987 wurde ein gelungenes Fest. Mein Bruder und Vreni kamen. Achims Vater kam. Der andere Psychologe, der den Kontakt zu Achim nie abgebrochen hatte, kam mit seiner Frau, der Freundin von damals. Die Nachbarn kamen. Die Tante vom „Studierten" kam, mit der wir immer noch in Verbindung waren, eine warmherzige Frau, die immer der Auffassung war, dass ihr Neffe völlig bescheuert sei. Es war Kaiserwetter und eine fröhliche und harmonische Runde. Jeder unterhielt sich mit jedem und Achim fühlte sich wohl als Mittelpunkt.

Inzwischen hatte ich begonnen in Erftstadt meine Fühler auszustrecken: es sollte nicht nur meine Schlafstadt sein. Achims Klavierlehrerin warb mich für die UNICEF an. Außer Kartenverkauf organisierten wir auch Konzerte zu Gunsten der Organisation. Seit ein paar Jahren schon arbeitete ich zusätzlich in einer Beratungsstelle des Deutschen Paritätischen Wohlfahrtsverband (kurz: DPWV) in Frechen im Erftkreis. Hier tauchte eines Tages Ingrid Wiesselmann auf, als Begleitung einer ausländischen Mitbürgerin. Nach der Beratung trat sie auf mich zu und meinte, sie würde mich gerne näher kennenlernen: Die Art meiner Beratung hätte ihr gefallen. Ich kannte sie dem Namen nach. Ihre geschliffenen Berichte über Erftstädter Kulturereignisse im Kölner Stadtanzeiger waren mir aufgefallen. Ich wusste in etwa, wer da auf mich zu trat. Und als ich mich nun auch noch als Erftstädterin outete, war ausgemacht, dass wir uns bald mal treffen und austauschen wollten.

XXXX

Freitag, dritter Juli. Es ist bewölkt. Wir überlegen, ob wir nicht vor dem Vollmond aufbrechen sollen. Für die nächsten Tage ist in der ganzen Schweiz: Schauer, Regen und Gewitter angesagt. Inzwischen hat Klaus festgestellt, dass der volle Mond nicht hinter „seinem" Piz Lagrev auftauchen wird, sondern auf der gegenüberliegenden Seite, hinter dem Piz da la Margna, meinem Lieblingsberg. Diese traurige Tatsache, und die hohe Wahrscheinlichkeit, dass er überhaupt nicht zu sehen sein wird, lässt es zu, dass Klaus sein Ziel in Frage stellt. Nach dem Frühstück fahren wir jedoch erst mal mit den Rädern nach Maloja. Im Turm bei den Gletschermühlen sei eine Ausstellung, hat Klaus erfahren. Ich habe von dem schnellen Abstieg vom Lunghinsee einen schon ausgewachsenen Muskelkater und bin zufrieden mit einer kleinen Wanderung. Wir bewundern die unglaubliche Fleißarbeit eines Maurers aus Bondo im Bergell, der Tiere und Lebenssituationen minutiös in Granit gemeißelt hat. Vor dem Turm ist eine Gletschermühle ausgebaggert worden. Der ganze Dreck liegt haufenweise herum, darunter auch kugelrunde Riesenkiesel. Ich kann wieder einmal nicht widerstehen, doch ich beschränke mich auf einen nur vier Kilo schweren. Dafür ist er ein ganz Besonderer: Aus den Tiefen einer Gletschermühle. Im Hotel Schweizerhof genehmigen wir uns einen Cappuccino und erfahren aus dem Gästebuch, dass Sigmund Freud 1898 hier mit Minna abgestiegen sei und Martha eine Postkarte geschrieben habe. Sollte Carl Gustav Jung mit seiner Behauptung, dass Sigmund mit seiner Schwägerin Minna ein Verhältnis gehabt habe, doch richtig gelegen haben? Wir entziffern dann noch den schönen Spruch an der Stirnwand des Hotels: „QUI CHAQUE ANNÉE À MALOJA VIENDRA, LONGTEMPS SUR TERRE RESTERA."

Ja, das wollte ich tun: Jedes Jahr in Maloja aufkreuzen, so lang es irgendwie geht. Das hatte ich ja auch schon mit Achim getan, als ich mit ihm allein lebte, meist sogar zwei mal, sommers und winters. Erst wohnten wir in der Post in Casaccia, dann, als Aldo Petti, der auch schon in der Post für eine ausgezeichnete Küche sorgte, das Hotel Corona in Vicosoprano übernahm, weiter unten im Bergell. Mit Aldo Petti hatten wir uns angefreundet. Achim durfte bei ihm in der Küche, bei den Teigwaren mithelfen und er ging öfter mit ihm Skifahren. Abends, wenn keine Gäste da waren, jassten wir bei einem Bergeller Kräuterschnaps. Voriges Jahr sind Klaus und ich kurz bei Aldo Petti in der Corona aufgetaucht, als wir von Casaccia aus das Bergell hinunter wanderten, in Borgonovo auf dem kleinen Friedhof einen Wiesenblumen-Strauß am Grab von Alberto Giacometti hinstellten, um dann von Stampa aus, mit dem Postauto wieder nach Maloja hoch zu fahren. Vor zwei Jahren haben wir auf dem Rückweg vom Comersee an einem dieser tiefblau-transparenten Herbsttage mittags bei Petti Ravioli und Pizzocheri gegessen. „Clelia, willst du nachher mit mir ein paar Geißen auf Durbegia hoch bringen?" Ich wollte. So sind wir, Klaus auch, mit sechs Geißen auf den Panoramaweg nach Soglio hochgefahren, haben mit Petti zusammen den Geißenzaun umgesteckt und von Pettis kleiner Gaststube auf Durbegia aus bei einem Cappuccino einen hinreißenden Blick auf die zum Greifen nahe Scioragruppe genossen.

Zurück zum heutigen Cappuccino in Maloja. Es regnet wieder und keine Aussicht auf Besserung, wie uns die NZZ bestätigt. Also morgen früh auf nach Zürich.

Ein bedächtiges Geläute holt uns aus dem Schlaf. Dicht am Zeltplatz vorbei zieht eine große Kuhherde: Der Alpauftrieb ins Fedoztal. Ich wünsche den Tieren einen

133

schönen Sommer. Wir lauschen noch ein bisschen. Welch ein Abschiedskonzert! Manchmal dominiert eine einzelne Glocke im wohltuenden Gleichklang des Schreitens. Dann trippeln einige plötzlich schneller unter den anfeuernden Rufen der Hirten. Hellere Klänge synkopieren das gemächliche Läuten. Es nimmt kein Ende. Immer neue Tiere tauchen auf und verschwinden hinter der Wegbiegung im Lärchenwald. Ein Alpentanz, ein mitreißender Rhythmus des Aufbruchs.

Wir werden das Engadin verlassen, für mich immer mit Wehmut verbunden. Seit einem Monat schon sind wir unterwegs. Ich sinne eben noch den Kühen und dem Lauf der Zeiten nach, da kommt Klaus raus aus dem Bus und meint: „Der Ingeniör hat es schwör: Ich habe den Fehler gefunden, warum wir in der letzten Zeit Schwierigkeiten mit dem Gas hatten." Der feuchte Schwamm, den wir zum Abpuffern der Glasplatte auf den Herd legen, ist der Sünder. Nachts, wenn Klaus aufs Klo geht, stützt er sich auf der Glasplatte ab, so dass die Feuchtigkeit in die Gasdüsen fließen kann. Wieder ein Problem gelöst. Dumm nur, dass wir den Herd auf dieser Reise kaum noch brauchen.

XXXX

Ingrid Wiesselmann war auch die Vorsitzende des Künstlerforums SCHAU-FENSTER. Ein Verein der sich in Erftstadt um Lesungen, Ausstellungen auch überregionaler Künstler bemüht, aber auch jedes Jahr zwei Mitglieder-Ausstellungen organisiert, an denen alle teilnehmen können. Seit meiner frühesten Jugend hatte ich immer wieder gezeichnet, modelliert. In den Familienferien blieb mir neben meinem zeichnenden und malenden Vater gar nichts anderes übrig, wollte ich mich nicht langweilen. Ich traf mich mit Ingrid ein paar Mal und wir freundeten uns an. Die Gespräche mit Ingrid waren sehr anregend, sie machte mir Mut, mich wieder mehr kulturellen Dingen zuzuwenden. Ich war auf der Suche nach einem Ausgleich zu der sehr anstrengenden und auch belastenden Beratungsarbeit. Langsam näherte ich mich dem neuen Themenkreis. - Eigentlich konnte ich Vereine nicht ausstehen. Das eitle Getue und Herumstehen und Gequatsche bei Vernissagen waren mir ein Greuel - : Aber ich wollte ja Leute in Erftstadt kennenlernen.

Ich hatte noch nie einen Geburtstag groß gefeiert. Bei uns zu Hause waren Geburtstage Nebenbeigeschichten. Ich erinnere mich an einen einzigen Kindergeburtstag: Da wurde ein Wettessen ausgerichtet mit mehrfach verpackter und eingeschnürter Schokolade, die mit Serviette, Messer und Gabel zu verspeisen war. Ich beschloss daher meinen 50ten am 7. Februar 1988 feierlich zu begehen. Also lud ich an die 30 Leute ein, unter anderen auch Ingrid und ihren Mann Klaus Schramm, der bisher nur ein- zweimal kurz auftauchte und sofort wieder verschwand, wenn ich bei Ingrid war. An meinem Geburtstag fiel er mir zum ersten Mal auf. Er kam später, angeblich direkt aus Bayern, wo er herstammte, hockte missmutig neben Ingrid auf einer Couch und sprach kein einziges Wort. Die Frau tat mir leid, mit so einem Stockfisch verbandelt zu sein. Sie war in erster Ehe mit einem um einige Jahre älteren Mann verheiratet gewesen, einem Kulturschaffenden beim WDR, mit dem sie zwei schon erwachsene Kinder hatte: einen Sohn und eine Tochter. Leider verfiel er immer mehr dem Alkohol, und so trennte sie sich vor einigen Jahren von ihm. Das war auch eine Gemeinsamkeit, die uns verband. Seit vier Jahren war sie nun mit diesem sauertöpfischen Bayern verehelicht, der die Zähne nicht auseinander brachte. Aber sie schien ihn zu lieben. Ansonsten fand ich meine Geburtstagsfeier sehr gelungen.

XXXX

Zehnte Station: Zürich

Unseren zehnten Hochzeitstag am 6. Juli 2009 verbringen wir in meiner Vaterstadt: Rosen-Hochzeitstag. Wahrscheinlich, weil sich bis dahin, die ersten Dornen schon gezeigt haben, und wenn man dann immer noch beisammen ist.....Wenn wir in Zürich bei meinem Bruder sind, schlafen wir in unserem Gefährt im Garten. Das ist für alle bequemer, und es ist auch ruhiger, als im Haus direkt an der Kreuzung. Den heutigen Tag haben wir ganz für uns. Für morgen, unserem letzten Tag in Zürich haben wir uns vorgenommen, Georg und Vreni zum Essen einzuladen. Wir suchen also in der Nähe nach einem netten Lokal, das die beiden nicht kennen. Und werden fündig! An der Beckenhofstrasse ist ein junges Team in einem alten Häuschen mit vielversprechender Karte.
Danach tun wir, was ich in Zürich am liebsten mache: Wir lassen uns treiben. Fahren mit den Velos zuerst zum See. In der Nähe der Fischerstube steigen wir ins 23 Grad warme Wasser und schwimmen. Zwischendurch regnet es immer wieder. Wir schlendern dann durch zwei, drei Galerien. Nach einem köstlichen Salat bei Migros-Stadelhofen, trinken wir einen Cappuccino bei Schwarzenbach an der Münstergasse. Wir bummeln weiter durch die Altstadt, schauen uns die neuen Polke-Fenster im Großmünster an und radeln der Limmat entlang bis zum Letten. Gegenüber vom Platzspitz, wo die Sihl

136

mündet, legen wir uns in die Sonne. Klaus schläft ein und ich springe in die Limmat und lasse mich auf dem Rücken immer wieder hinunter treiben, so wie früher, immer wieder. Herrlich! Abends schaut uns der Vollmond zu, wie wir den Tag im Garten ausklingen lassen.

Am letzten Tag in meiner Stadt kaufe ich die Zürcher-Bibel, die auf Zwingli zurückgeht und 2007 in einer neuen Übersetzung herausgekommen ist. In den Kirchen meiner Urahnen, in Eglisau und Berg am Irchel, hatte ich darin geblättert. Ich kann nicht begründen, warum. Zuhause steht eine alte Luther Bibel, in die auch mein Ur-Urgroßvater Wilhelm Meyer seinen Namen geschrieben hat, daran lehnt die deutsche Einheitsübersetzung aus Achims Konfirmandenzeit. Selten öffne ich sie. Gottes-dienste besuche ich nicht. Und doch musste ich diese Bibel haben. Kein Spontankauf: Ich musste sie vorher bestellen.

Zürich lässt mich nicht los. Meine Wurzeln liegen hier überall herum. Und doch wird es langsam Zeit zurück-zukehren. Fast fünf Wochen sind wir unterwegs. Wie geht es den beiden Katzen, dem Garten, die wir in der Obhut des Nachbarn gelassen haben? Wir sitzen in der Bahnhofshalle bei „Nordsee", löffeln eine bretonische Fischsuppe und sehen die Eiligen, die Dicken, die Skur-rilen (ein Chinese mit einem Puppenwagen, in dem ein dicker Hund sitzt), die Munteren und die Müden mit ihrem rollenden Gepäck an uns vorbeiziehen. Über den Hin- und Herströmenden, quasi als Schutzengel, schwebt Niki de Saint Phalles sinnlichfrohe, lustbunte Nana, die darüber wacht, dass in Zürich nicht wieder die Sinnes- und Kör-perfeindlichkeit Einzug hält. Wir beschließen über Basel zu fahren, denn im Kunstmuseum ist eine Van-Gogh-Austel-lung, in der Foundation Beyeler Giacometti zu sehen.

Letzte, elfte Station: Tunisee bei Freiburg.

Nun, am Ende der Reise doch noch in Basel, der Geburtsstadt meiner Brüder, finden wir auf der Riehenerseite direkt am Rhein unter der Wettsteinbrücke einen Parkplatz. So können wir mit Blick auf das Basler Münster über die Brücke spazieren. Die Van-Gogh Ausstellung lohnt das lange Warten in der Schlange und auch Giacometti in Riehen enttäuscht uns nicht. Hinter der Grenze bleiben wir auf der Landstraße auf der Suche nach einem Platz. Fehlanzeige. Erst bei Freiburg werden wir fündig. Im Camping Tunisee übernachten wir an einem kleinen, den irren, grellbunten Abendhimmel spiegelnden See, direkt an der Autobahn. Am 9. Juli endet unsere Reise. Unsere Katzen begrüßen uns wohlgenährt und lassen uns die nächsten Tage nicht aus den Augen, suchen unsere Nähe. Im Garten wuchern die Wildkräuter und reifen die Tomaten und Gurken uns entgegen.

Unterwegs besuchten wir außerplanmäßig Speyer und fanden im Regen einen Parkplatz direkt am Kaiserdom, mit seinen sechs Türmen und seiner Krypta, für mich das großartigste, romanische Bauwerk Europas. Inmitten der Krypta hatten wir am Anfang unserer Beziehung fast wortlos einander versprochen, so aufrichtig wie möglich zueinander zu sein. In der Edith Stein gewidmeten Kapelle lesen wir jetzt: "Wer die Wahrheit sucht, sucht Gott, auch wenn er davon nichts weiß". Wir gehen schweigend durch das linke Schiff dieses klargegliederten Baus und steigen, an den Kaisergräbern vorbei, hinab in das unterirdische Gewölbe. Dort denke ich auch an die andere bereichernde Liebe in meinem Leben, an deren Beginn ich ebenfalls in diesem Dom stand, und, innerlich aufgewühlt von der Begegnung, hier innehielt.

Zweiter Teil

Nach meinem 50 Geburtstag

Durch die Freundschaft mit Ingrid Wiesselmann klang die
Kunst wieder an, aber es dauerte noch Jahre bis sie
wieder deutlichere Zeichen in meinen Lebensteppich wob.
Im Vordergrund stand meine Arbeit, die sich immer weiter
ausdehnte. Neben der analytisch- und gestalttherapeu-
tischen Beratungsarbeit leitete ich Gruppen mit Frauen in
den Wechseljahren, arbeitete mit Kolleginnen, die in ihren
Einrichtungen mit Missbrauch zu tun hatten. Wichtig war
mir aber auch das Leben mit Achim, seine Schule, die
gemeinsamen Ferien im Engadin, im Winter Skifahren im
Sommer wandern. Die Freunde, die Nachbarn mit Sohn
Karsten, die Freundinnen Mara, Claudia, mein Bruder mit
seiner Familie waren öfter mit dabei im obersten Inntal.
Auch eine große Kultur- und Fahrradtour durch Frankreich
endete im Engadin. Im Herbst 88 überquerten Achim und
ich den Ärmelkanal mit einem Luftkissenboot. In London
habe ich mit ihm das ganze Programm absolviert, das ich
in ähnlichem Alter mit meiner Mutter durchgezogen habe:
National Gallery, Stadtrundfahrt, Covent Garden: Holo-
grafic Light Gallery, Stravinsky-Ballett-Abend, Tate Gallery,
Courtault Institute Gallery, British Museum, St. Paul's
Cathedral...
Am 6. Juni 1988 klingelt es an der Haustür, ich öffne,
vor mir steht Maren, die Nachbarstochter, mit einem
winzigen schwarzweißen Katzenbaby. Sie habe es im Park
gefunden. Und unsere Kätzin Sitah würde sich vielleicht
seiner annehmen. Sitah dachte nicht daran, wich vor dem
Pelzknäuel zurück und fauchte bedrohlich. Doch ich
erbarmte mich seiner. Ich konnte nicht anders.

Es wimmerte kläglich, war geschätzte drei Wochen alt, rutschte mehr über den Boden, als dass es seine Pfoten aufsetzte, die Augen waren noch nicht richtig auf und schimmerten bläulich. Das Ganze passte auf eine Hand und wog keine 100 Gramm. Bei einer Katzenvermittlerin holte ich mir Rat - sie riet eher ab, die meisten verwaisten Winzlinge gingen ein, meinte sie – ich müsse stündlich füttern, regelmäßig das Bäuchlein massieren, die Ausscheidung anregen, warmhalten. Achim war auch hin und futsch, als er das Tierchen sah. Also nahm ich es an und auch mit zur Arbeit und tat wie sie geheißen. Er kam durch. Wir tauften ihn Andy und nahmen ihn Ende Juli mit ins Engadin. Die Grenze passierte er in der Handtasche. Inzwischen kackte er ins Katzenklo und fraß ordentlich. Nach den Ferien akzeptierte ihn auch unsere dreifarbige Glückskatze Sitah und brachte ihm den Rest bei, klettern, miauen, Mäusefangen, nur schnurren hat er nie gelernt.

XXXX

22 Jahre nach diesem Ereignis am 6. Juni 2010 sitze ich gegen Abend auf dem Campingplatz an der Donau in Regensburg, der Geburtsstadt von Klaus, an die er zwar keine frühen Erinnerungen hat, denn seine Familie zog nach einem Jahr nach Amberg. Vor drei Tagen haben wir uns auf die zweite große Flussreise begeben, diesmal jedoch flussabwärts von West nach Ost, dann in einem großen Bogen nach Süden. Endziel ist wieder Maloja mit dem Piz Lagrev. Unterwegs hoffe ich, den vorerst letzten Teil meiner Lebensreise zu Papier zu bringen, wenigstens im Entwurf. 2010 ist das chinesische Jahr des Tigers. Es jährt sich zum sechsten Mal seit meiner Geburt. Wenn mir das keine Schubkraft bringt!

140

Neben mir sitzt unser 15 jähriger Tigerkater „Winnie", den wir mit auf diese Reise nehmen mussten. Seit Ende Oktober 2009 hält dieser Kater uns, Klaus und mich, im Griff. Wir kehren vom Einrichten einer Ausstellung abends nach Hause. Wie gewohnt holt uns Winnie am Auto ab und begleitet uns zum Haus, als sich plötzlich die Tür des Nachbarhauses öffnet, und der schwarze Chow-Chow sich belfernd auf unseren Kater stürzt, der knapp unter unserem Garagentor hindurch entkommt. So glauben wir. Die Nachbarin entschuldigt sich aufgeregt: Lola sei ihr beim Telefonieren entwischt. Wir beschwichtigen sie, es sei zum Glück nichts passiert. Ich schließe dann gleich die hintere Haustür auf, der Kater kommt herein und zieht an einer etwa 10 cm langen Sehne seine Schwanzspitze hinter sich her. Also hat er ihn doch erwischt. Der Tiger dreht durch und versucht das hinter ihm her tanzende Teil los zu werden. Ich drehe durch, als meine Tierärztin mir am Telefon vorschlägt, am nächsten Morgen vorbeizukommen. Wir finden dann eine noch offene Tierarztpraxis, die bereit ist, den armen Kerl zu operieren, genauer zu amputieren. Denn die so ausdrucksvolle Schwanzspitze ist nicht mehr zu retten. Der eh schon traumatisierte Kerl braucht Monate bis er seinen Restschwanz wieder hoch reckt. Der andere gleichaltrige, schwarzweiße Kater leidet schon seit Jahren an einem Geschwür im Maul. Im Lauf des Winters baut er immer mehr ab, die Cortisonspritzen, die ihn lange Zeit immer wieder aufbauten, helfen nicht mehr. Am 15. April müssen wir ihn einschläfern lassen.

Winnie, der seit dem Herbstdrama ebenfalls an Geschwüren im Maul leidet und gleichfalls Cortisonspritzen bekommt, trauert, frisst kaum, magert ab, beißt auf seinem Ding im Maul herum, rupft sein struppiges Fell, sieht elend aus, ich befürchte, dass ich auch ihn einschläfern lassen muss. Vorsorglich grabe ich schon mal ein Loch als Grab im Garten, stopfe eine Gießkanne hinein und decke es ab. Der Tierarzt macht mir wenig Hoffnung auf Besserung, als ich ihn frage, ob man diese Geschwüre wegoperieren könne. Ich bitte ihn darum, es dennoch zu versuchen. Zu Hause, der Kater ist noch in Narkose, wasche und föhne ich die verklebten Pfoten und Hinterläufe. Und siehe da: der Tiger erholt sich langsam, er frisst wieder, das Fell fängt an zu glänzen. Doch was machen wir mit ihm, wenn wir auf die Donaureise gehen? Mit den zwei Katzen war es bislang unproblematisch: Unser Nachbar hat den Garten und die Tiere versorgt, schon seit Jahren. Doch Winnie frisst nicht, wenn wir nicht da sind. Stärker als auf das Haus ist er auf uns fixiert. Wir können ihn nicht allein zurücklassen.

Da höre ich von zwei uralten Krokodilen im Kölner Zoo, die ein neues Domizil beziehen sollen. Mit Leckerchen werden sie auf den Umzug hin trainiert, und der klappt dann auch prima. Ich sage mir, was ein Krokodil lernt, schafft mein alter Kater allemal. Klaus ist skeptisch. Ich übe mit Winnie an der Leine zu gehen, übe immer wieder. Er findet das zwar nicht prickelnd: Warum soll er plötzlich an der Leine gehen, wo er doch gewohnt ist sich frei zu bewegen. Wir fahren zweimal mit ihm im Bus. Beim ersten Mal jammert er nur, auf meinem Schoss lässt er sich etwas beruhigen. Beim zweiten Mal springt er auch schon mal aufs Bett und guckt neugierig zum Fenster raus, oder legt sich in sein Körbchen und benutzt das Katzenklo. Auf dem ihm fremden Gelände geht er einigermaßen willig an der Leine. Dennoch voller Zweifel beschließen wir ihn mitzunehmen. Die Alternative wäre nicht wegzufahren.

Donauabwärts mit Kater
Erste und zweite Station: Tübingen und Regensburg

In Tübingen, genervt von Winnies Katzengejammere,- warum tun wir uns das gegenseitig an - passiert bereits, was wir am meisten befürchtet hatten: Der Katzen-Supergau. Wir sind dabei einzupacken. Er ist draußen angebunden. Ich geh zum Waschhaus, als ich wieder- komme, ist Klaus schreckensbleich: Der Kater hat es geschafft sich vom Halsband zu befreien. Doch anstatt in Panik wegzurennen, rast er auf die offene Bustür zu und verschwindet im Innern, in einer Höhle hinter seinem Körbchen. Von da an wissen wir : Er hat den Bus als Heim und Schutzraum akzeptiert. Wenn er uns auskommt, so hatten wir befürchtet, müssen wir endlos nach ihm suchen. War er doch, jedes Mal, wenn ich ihn zu Hause ins Auto setzte, so schnell, wie irgend möglich wieder daraus entwischt. Nach diesem ersten Schreck fahren wir nun doch etwas zuversichtlicher weiter: Wir können ja jederzeit umdrehen und nach Hause fahren.

Der zweite Reisetag führt uns bei strahlendem Wetter über Blaubeuren mit dem geheimnisvollen Blautopf an die Hochwasser führende Donau bei Ulm, der wir bis Regensburg folgen. Winnie ist gelassener, jammert nur noch ab und an. Wenn wir nach einer Besichtigung wiederkommen, liegt er in seinem Körbchen.

Zu einer großen Donaureise animierte uns auch der Friedenspreisträger des deutschen Buchhandels 2009 Claudio Magris mit seinem „Roman" über die Donau, den wir in unserem Reisegepäck auch mit führen. Klaus ist von seiner ersten Velotour zurück, begeistert über sein neues Elektrofahrrad, mit dem er mich dann im Engadin, dem Endpunkt unserer Reise, abzuhängen gedenkt.

Doch nun sind wir erst mal in Regensburg, und auf dem Donauradweg hat er keine Chance: Ich fahr wie meistens vorneweg. Aber er muss mich nicht zügeln: "Fahr doch nicht so schnell". Mühelos folgt er mir. Die Donau bremst uns aus, immer wieder tritt sie über die Ufer. Um zur steinernen Brücke zu gelangen, müssen wir vor dem Wasser ausweichen. Ein lauer Abend umfängt uns, als wir auf dem alten Bauwerk stehen. Schon Friedrich Barbarossa soll sie überschritten haben. Wir bleiben in der Mitte stehen. Die Altstadt erinnert an San Giminiano mit ihren Geschlechtertürmen. Wir beugen uns über die warmen Steine der Brüstung. Unter uns strömt, braun, breit, reißend, die Donau durch, dahin, wo wir bald sein werden.

XXXX

Irgendwann Ende September 1989, bei einem gemütlichen Beisammensein mit meinem früheren Partner, dem Psychologen und seiner Frau, kam die Sprache auf die Sendung im Dritten „Ich trage einen großen Namen". „Du und Achim, ihr tragt doch auch einen großen Namen." „Zum Glück merkt das keiner", antworte ich lachend. „Du solltest dich da mal melden, vielleicht kommst du dann auch ins Fernsehen." „Ihr habt sie wohl nicht alle", wehre ich ab. „Wetten, dass du dich nicht traust." - Ich mich nicht trauen!! - Das saß, und ich zappelte am Angelhaken. „Topp, die Wette g lt. Wenn ich dahin schreibe und mich oute, als Urgroßnichte von C. F. M., habe ich die Wette gewonnen." Worum wir wetteten, weiß ich nicht mehr, eine Einladung zum Italiener, oder ein paar Flaschen Rotwein? Ich hoffte nur inständig, dass, wenn ich schreibe, sie mich nicht zur Sendung einladen werden. Ich schrieb also und gewann die Wette.

Am 10. Oktober klingelt das Telefon. Eine Frau Ulrike Schmid vom Süddeutschen Rundfunk wollte mich sprechen. Mir fiel das Herz in die Hosen. Sie wären interessiert, ein möglicher Termin für die Aufnahme einer Sendung wäre der 25. Januar 1990. Ob mir der Termin passe? Ich war überrumpelt. Konnte ja schlecht sagen, dass ich dem Sender nur geschrieben habe, um eine Wette zu gewinnen. Also sage ich zu.

Worauf habe ich mich da eingelassen? Es ist ewig her, seit ich Meyer gelesen habe. An die Novellen außer dem Jenatsch konnte ich mich kaum erinnern. Die Seegedichte mochte ich, dann die Füße im Feuer. Als erstes sah ich mir die Sendung an. Da sie am frühen Abend lief, zu einer Zeit, in der ich nicht fernsehe, kannte ich sie nicht. Der Moderator, ein Schweizer, war mir dem Namen nach von früher bekannt. Meine Freundin Mara hatte damals in der Schauspielzeit in einem Musical von Hans Gmür „Schön ist die Jugend" mitgespielt. Die Sendung dauerte 40 Minuten. In dieser Zeit wurden zwei Träger berühmter Namen durchgenommen. Zuerst musste der Name von einem Rate-Team mit Hilfe eines „Lotsen" erraten werden, dann folgte ein Gespräch mit dem Moderator über den berühmten Verwandten. Der Moderator gefiel mir ganz gut. Sein Umgang mit den Namensträgern war menschlich, er spielte sich nicht auf, führte das Interview auf Augenhöhe. Am 25. November unterschrieb ich einen Vertrag mit dem Süddeutschen Rundfunk Stuttgart. Jetzt wurde es ernst, jetzt konnte ich nicht mehr zurücktreten. Ich hatte noch zwei Monate Zeit um mich vorzubereiten. Ich las sämtliche Novellen und fand die meisten richtig spannend. Dann entdeckte ich unter meinen Büchern von Maria Nils eine Biographie von 1943 „Betsy – die Schwester C. F. Meyers" und bekam so einen guten Einblick in die Meyer'sche

Familiengeschichte, die ja auch die meine war. Die Biographie von Karl Fehr und die rororo Monographie von David A. Jackson halfen mir, die Auseinandersetzung mit Leben und Werk von C. F. M. zu vertiefen. Je mehr ich mich mit ihm befasste, desto näher rückte er mir.

Auch der Tag für die Live-Aufzeichnung der Sendung rückt näher. Der SDR Stuttgart hat mich für zwei Tage in ein Hotel eingeladen direkt beim Sender. Fürs anschließende Wochenende hatte ich mich im Stuttgarter Raum zu einer Fortbildung angemeldet. Durch Sturm und Regen fahre ich am 24. Januar nach Stuttgart. Als ich abends zuhause anrufe, meldet Achim, dass mein Seminar abgesagt worden sei, was er bedauert, denn er wollte sich ein sturmfreies Wochenende mit seinem Freund machen. Ich werde mich verkriechen, versprach ich ihm. Er solle so tun, als wäre ich nicht da.

Hans Gmür treffe ich zu ersten Mal am Morgen der Sendung zu einem Vorgespräch. Außer mir ist ein Herr Raiffeisen aus den USA zur Aufzeichnung geladen. Auf erfrischende Weise erklärt er, nicht viel von seinem Vorfahr zu wissen, erzählt viel von seinem Weingut und lädt uns alle nach Texas ein. Ulrike Schmid, die mich angerufen hatte, und ein Dolmetscher sind ebenfalls anwesend. Das Gespräch über C. F. M. verläuft locker, ich erzähle über ihn, als würde ich ihn schon lange kennen, bedaure, dass mein Ururgroßvater ihn so verprügelt habe, dass er danach, wie seine Schwester Betsy berichtet, wie gebrochen gewesen sei.

Von Schmid werden wir, die Namensträger, auf strengste Geheimhaltung verpflichtet, denn die Namen sollen ja dann vom Rate-Team enträtselt werden. Aufgekratzt gehen wir zum gemeinsamen Mittagessen, wo Hans Gmür mich bittet, neben ihm Platz zu nehmen. Bald sprechen wir über persönliche Dinge. Unwillkürlich fallen wir in unser Idiom, das für Deutsche unverständliche „Schwyzerdütsch“. Wenn wir es bemerken, wechseln wir schnell wieder ins Hochdeutsche, um nicht als unhöflich zu gelten.

Den Nachmittag verbringe ich in meinem Hotelzimmer, mit den sieben Karteikarten, auf denen ich meine Notizen zu C. F. Meyer verdichtet habe, gehe sie immer wieder durch. Lampenfieber stellt sich ein, erinnert mich an ferne Tournee-Zeiten. Ich lege die Karteikarten weg, gehe das Gespräch vom Vormittag noch einmal durch und habe bald das gute Gefühl, dass Hans Gmür mich nicht in die Pfanne hauen wird.

In der Maske wieder große Geheimnistuerei, das ganze Theater fängt an mich zu amüsieren. Hans Gmür kommt kurz vorbei, fragt wie es geht. Wir wünschen uns gegenseitig toi toi toi. Danach stehe ich in den Kulissen, und warte. Hier riecht es auch nach Bühne, ganz speziell. Raiffeisen wird zuerst geraten. Ich höre kaum hin, konzentriere mich. Dann bin ich dran: Tief Luft holen und Kopf voran hineinspringen ins Scheinwerfermeer. Ich vertraue darauf, dass ich schwimmen kann. Das Rate-Team braucht nicht besonders lange, um auf den seltenen Namen Meyer zu kommen, umso mehr Zeit bleibt für das Gespräch mit Hans Gmür, bei dem ich vergesse, dass ich im Fernsehen bin. Viel zu schnell ist es zu Ende.

Inzwischen stürmt und regnet es wieder. Auf dem kurzen Weg vom Sender zum Parkhotel, wo man sich nach der Sendung trifft, wird alles klatschnass. Diesmal ist auch das Rate-Team dabei. So an die zehn Personen. Jetzt sitze ich links von Hans Gmür, übereck. Anfangs geht der Smalltalk kreuz und quer. Doch dann rutschen wir immer öfter in unseren Dialekt, er in die mir seit Kindheit vertraute Bündner Färbung. „Ja, ja, die Schwyzer unter sich“, hören wir, und beteiligen uns wieder an der Runde, um dann wieder in ein Zwiegespräch zu versinken, wir entdecken gemeinsame literarische Vorlieben, kennen dieselben Gedichte: Er tippt eins an, ich zitiere lachend weiter. Wie Bälle werfen wir uns die Gedanken zu, keiner fällt unverstanden zu Boden. Wir sind gefesselt von dem zeitlosen Spiel. Wir bemerken kaum, dass einige schon aufbrechen. Mit den Letzten fahren wir im Lift hoch, dann bleiben wir allein übrig. Die gegenseitige Faszination übernimmt die Regie, fast willenlos folgen wir ihr. Draußen heult der Sturm, Regenflut prallt gegen das Fensterglas.

Am nächsten Morgen – das Wetter hat sich beruhigt - treffen wir uns beim Frühstück. Er zischt mir zu: „Ich bin schon wieder scharf auf dich". Aber sonst benehmen wir uns ganz vernünftig. Er muss bald zum Flughafen, wir verabschieden uns. Ich setze mich wieder und kann es nicht fassen. Ich habe Zeit. Ich bin froh, dass meine Fortbildung mangels Beteiligung abgesagt worden ist. Mir ist es recht: Ich möchte jetzt lieber mit mir allein sein, als mich in ein gruppendynamisches Geschehen einzubringen. Fast automatisch packe ich dann meine Sachen, checke aus und mache mich mit meinem grauen Citroen BX auf den Heimweg. Wie von selbst steigen während der Fahrt immer wieder Rilkes Zeilen auf:

„Sei allem Abschied voran, als wäre er hinter
dir, wie der Winter, der eben geht.
Denn unter Wintern ist einer so endlos Winter,
dass, überwinternd, dein Herz überhaupt übersteht."

In Speyer mache ich Zwischenstation, gehe in den Dom, steige in die Krypta hinunter, zünde eine Kerze an, dankerfüllt. Was immer geschieht: Diese Begegnung ist ein leuchtender Stern in meinem Lebensbaum. Auch wenn wir uns nicht wiedersehen sollten. Was wahrscheinlich ist. Er lebt in einer zufriedenen Ehe. Ich wähnte mich auch wunschlos in meiner Lebenssituation: Habe ich doch eine interessante Arbeitsstelle, ein nettes Arbeitsteam, eine Beziehung, die meinem Bedürfnis nach Distanz nach meiner Scheidung voll entsprach, Haus und Garten, in dem ich mich wohlfühle und einen gesunden, intelligenten Sohn.

Am frühen Nachmittag treffe ich zuhause mein Kind in meinem Arbeitszimmer auf der Couch liegend an, sein Kollege neben ihm sitzend. Er habe Bauchschmerzen, meint Achim erklärend. Ich habe noch nie erlebt, dass er sich hinlegt, wenn ein Freund da ist. Dieser verzieht sich auch bald.

Ich rufe unseren Hausarzt an. Der ist schon weg. Der Anrufbeantworter sagt mir, was in dringenden Notfällen zu tun ist. Ist es ein dringender Notfall? Ich möchte, dass die Schmerzen abgeklärt werden, ein Blinddarm ausgeschlossen wird. Also rufe ich an. Es ist ein Arzt in der Nähe. Ich fahre mit Achim hin, der sichtlich Mühe hat zu gehen. Als ich nach der Parkplatzsuche in die Praxis komme, hat er die Untersuchung schon hinter sich, mit der Diagnose: Darmgrippe und der Empfehlung: Salzstangen zu futtern und Coca-Cola zu trinken. Halb erleichtert fahren wir nach Hause, wobei Achim den Eindruck hat, nicht wirklich ernst genommen worden zu sein. Ob der Arzt ihm denn Blut abgenommen habe, frage ich. Achim verneint. Achim legt sich wieder hin. Ich besorge das Empfohlene und am nächsten Morgen geht es ihm tatsächlich etwas besser. Doch dann treten wieder starke Schmerzen auf, Achim bekommt Fieber, der Bauch wird ganz hart, der Blinddarmverdacht ist wieder da: Ich rufe wieder die Bereitschaftsdienstzentrale an. Schildere dem Arzt den gestrigen Arztbesuch, die Symptome. Er kommt, so schnell es geht, zu uns nach Hause. Untersucht Achim in seinem Bett und schreibt eine Krankenhauseinweisung. Mittlerweile ist es neunzehn Uhr. Ich packe das Nötigste zusammen und fahre mit Achim in die Ambulanz des örtlichen Krankenhauses. Er wird sofort untersucht, Blut wird abgenommen. Mein Anfangsverdacht bestätigt sich: Blinddarm. Der Arzt beschließt ihn sofort zu operieren. Doch es ist Samstagabend, keiner ist da. Das Operationsteam wird zusammengetrommelt, der Oberarzt kommt, untersucht noch einmal. Ich unterschreibe - Achim ist ja erst 17 –, dass ich mit dem Eingriff einverstanden bin. Um 21.30 wird Achim in den OP geschoben. Ganz in der Nähe warte ich. Warte und warte. Je länger es dauert, desto mehr schnürt sich mein Hals zu. Bald tigere ich hin und her, bald setze ich mich, bis die Angst mich wieder aufjagt. Immer wieder schaue ich auf die Uhr. Die Zeiger kriechen. Die Angst hat mich total im Griff. Nach endlosen zwei Stunden kommt jemand heraus, sagt, dass sie demnächst fertig wären, dass ich alsbald im Aufwachraum zu meinem Sohn könne. Nach weiteren, sich hinziehenden fünfzehn Minuten, darf ich tatsächlich zu ihm. Er sieht elend aus. Er hängt am Tropf und an mehreren Drainage-Schläuchen. Der Blinddarm ist durchgebrochen, der Bauchraum war voller Eiter. Langsam kommt er zu sich. Da alle Zimmer belegt sind, wird er im Bett in den Flur geschoben. Ich setze mich zu ihm. Die Schmerzmittel lassen ihn immer wieder einschlafen. Ab und zu kommt jemand vorbei und sieht nach ihm. Ich achte auf seinen Atem. Zeit rinnt wie Ewigkeit. Einmal spüre ich einen Windhauch über sein Bett, an mir vorbei ziehen, und ich bitte, bedränge den imaginierten Engel: „Nimm ihn mir nicht weg. Er ist doch noch so jung. Er ist das Einzige, was ich habe!" Ich bin verzweifelt und voller Wut auf den Notdienst-Arzt, der das vielleicht hätte verhindern können, wenn er früher operiert worden wäre. Gegen drei Uhr drängt mich die Nachtschwester, doch nach Hause zu fahren um etwas zu schlafen. Sie verspricht mir, gut auf ihn aufzupassen. Ungern fahre ich: Die Vorstellung, was hätte passieren können, wenn die Fortbildung im Stuttgarter Raum nicht ausgefallen wäre, raubt mir fast den Verstand. Zu Hause kann ich endlich die Tränen fließen lassen, irgendwann schlafe ich dann ein. Am nächsten Morgen bin ich gegen zehn Uhr wieder im Krankenhaus. Er liegt jetzt in einem Dreierzimmer. Achim ist ganz matt und hat starke Wundschmerzen. Ein über fünfzehn Zentimeter langer Schnitt war notwendig, um den Bauchraum säubern zu können.

Am Montag früh rufe ich den Notfall-Arzt an, um ihm mitzuteilen, was aus der „Darmverstimmung" geworden ist. Er wird ziemlich schnell pampig: "Wenn ich alles besser wisse, hätte ich meinen Sohn ja gleich selber ins Krankenhaus bringen können." Kein Wort des Bedauerns, der Entschuldigung. Dieses Gehabe macht mich so wütend, dass ich beschließe ihn zu verklagen. Und tatsächlich, die Klage ist schlussendlich erfolgreich, vor allem auch wegen des sehr detaillierten Operationsberichts. Achim bekommt ein Schmerzensgeld zugesprochen, anderthalb Jahre nach dem Krankenhausaufenthalt.

Am vierzehnten Tag nach der OP kann ich Achim nach Hause holen. Bis dahin bin ich, außer nachts, entweder im Krankenhaus oder auf der Arbeit. Am fünften Tag, abends spät, klingelt das Telefon. „Ist was mit Achim", schießt es mir durch den Kopf . Hans Gmür ist dran, seit Montag habe er immer wieder versucht, mich zu erreichen. Mir bleibt das Herz erst mal stehen, dann schlägt es mir bis zum

Hals.„Was isch mit dir" - seine Stimme, die heimatlichen Laute lösen langsam meine Verkrampfung: All meine Angst, Trostlosigkeit, Verzweiflung habe ich in mir verkapselt. Er hört mir zu, ist einfach nur da, und am Schluss spüre ich, dass er mich in die Arme schließt. Und ich fühle mich nicht mehr so mutterseelenverloren. Eine Woche später komme ich nach der Abendsprechstunde ausgelaugt um halb zwölf nach Hause. Da liegt ein dicker Brief aus Zürich im Flur. Alle Müdigkeit: Weggezaubert. Am nächsten Morgen antworte ich Hans : „Noch nie in meinem Leben habe ich einen so beglückenden, sinnlichen, menschlichen, mich in allen Fasern und Schichten treffenden Brief bekommen." Meine Antwort wird auch seitenlang. Abends fahre ich mit Achim, den ich vom Krankenhaus abgeholt habe, nach Köln, um den Brief aufzugeben. Auf der Rückfahrt beobachten wir eine Mondfinsternis, und sehen wie der Mond über dem Ville-Wald allmählich aus dem Erdschatten auftaucht und wieder voll und rund dasteht. Beide haben wir ein beglückendes Gefühl von Neubeginn.

Achim erholt sich sehr langsam. In der Schule quält er sich schon seit langem mit seinem Mathelehrer herum. Obwohl Mathe eines seiner Lieblingsfächer ist, steht er im Winterzeugnis auf einer Fünf. Er selber äußert den Wunsch ein Jahr zurückgestellt zu werden. Nachdem das geklärt ist, fahren wir Mitte Februar nach Zürich und von da nach Casaccia ins Bergell, wo ich erst einmal eine dicke Bronchitis bekomme. Die Krankheit und die bevor-stehenden Karnevalstage bescheren mir weitere Urlaubs-tage, so dass wir im April nochmals acht Tage nach Casaccia können. Hans und ich treffen uns jedes Mal und unsere Beziehung vertieft sich immer mehr. Auch nach-dem ich mit seiner Frau Erna Gmür im Anschluss an einen Bernhard Apéro im April bekannt wurde. Damals hat Hans Gmür jeden ersten Donnerstag im Monat im Bernhard Theater Leute aus Kultur, Politik etc. vorgestellt, ein beliebtes Event im Zürcher Gesellschaftsleben. Im Februar hatte mir Hans sein köstliches Erinnerungsbuch Bernhard-Apéro-Bekanntschaften geschenkt und ich war ganz begierig sein liebstes Kind, das im September 1974 geboren wurde, live zu erleben. Ich wurde nicht enttäuscht. Neugierig war ich auch seine Frau kennenzulernen, mit der er 36 Jahre verheiratet ist und drei Kinder hat,. Erna Gmür gefiel mir sehr gut. Liebenswürdig und rassig fiel mir zu ihr ein. Am Schluss des Abends haben wir uns geduzt. Am nächsten Morgen meinte sie zu Hans, sie hoffe sehr, dass er mich nicht auch angrapsche. Mir gefiel auch wie Hans und Erna in der Öffentlichkeit miteinander umgingen, getragen von gegenseitiger Achtung und Toleranz. Da habe ich mich dann schon gefragt, was ich da dazwischen soll, ob ich mich nicht besser zurückziehe, war tagelang zerrissen, blockiert. Er hat mir auch verraten, dass er in seiner 36 jährigen Ehe nicht gerade treu gewesen sei und Übung im Vertuschen habe. Ich bin also nicht die erste, mit der er fremdgeht. Es ist also eher sein Problem, nicht meines.

Die große Offenheit, die bereits zwischen uns ist, ermöglicht es uns, am Telefon und in Briefen, die gegenseitigen Ängste und Zweifel anzusprechen und so abzumildern. Seine „Wahrhaft unwahren Geschichten" widmet er mir mit den Worten: „In der sicheren Gewissheit, dass zwischen uns nichts Unwahres ist". Darum haben wir uns immer bemüht. Vor allem aber überwältigt mich die Liebe, die Hans mir zeigt und immer wieder ausdrückt: ich bin noch nie so geliebt worden.

Achims häufige Halsentzündungen veranlassen

unseren HNO-Arzt zu einer Mandeloperation zu raten; er würde sich danach bestimmt schneller erholen, als das jetzt der Fall sei. Er gebraucht die altbekannte Metapher der korrupten Polizei, um die defekte Abwehr der Tonsillen zu beschreiben. Ich habe Bedenken, so kurz nach der schweren OP schon wieder eine Narkose zu riskieren. Erinnere mich dann an die Zeit nach meiner Mandeloperation, in der es mir gesundheitlich wesentlich besser ging als vorher. Wenigstens soll er sich in den Sommerferien 1990 erholen können und so liegt er vom 4. - 10. Juni wieder, diesmal in Brühl im Krankenhaus. Vierzehn Tage lang muss ich zusätzlich zu meiner Arbeit Kollegen vertreten, dann fahren wir wieder nach Casaccia. Achims Freund Karsten ist mit. Die beiden wollen auf dem Silvaplanersee surfen. Achim hat sich von dieser OP relativ schnell erholt. Ende Juni sitze ich am Silsersee und warte auf Hans. Es ist schon das achte Mal, dass wir uns sehen werden. Er kennt das Engadin kaum. Ich freue mich darauf, mit ihm die Wege zu gehen, ihm die Orte zu zeigen, die ich so sehr liebe. Er flog bereits einmal nach Köln und ich war in Stuttgart an einer seiner Sendungen, wo mir allerdings von Ulrike Schmid übermittelt wurde: „Eine Psychologin müsste doch eigentlich einsehen, dass ein schöner Abend sich nicht wiederholen lässt." Also es sei höchst unanständig und würdelos von mir nach Stuttgart zu kommen. Drei Tage lang hat sie genervt und versucht mit ihren Sticheleien Hans dazu zu bringen zu verhindern, dass ich komme. Weder Hans noch die Psychologin lassen sich manipulieren. Ich kaufe mir ein schickes, lachsfarbenes Kleid und ertrage stolz Ulrikes verlogenes Begrüßungslächeln, lächle zurück, so süß ich kann. In Sils wohnen wir zwei Nächte im Hotel Margna. Abends dinieren wir. Am Nebentisch ein deutsches Ehepaar, das laut verkündet, wie schön es sei, dass es jetzt wieder Deutschland heiße und nicht mehr BRD. Wir schauen uns nur kurz an und jeder weiß, was der andere denkt. Wir verziehen uns, sobald es geht, in die Bar und widmen uns Dingen, die uns wichtig sind.

Allerdings ist mir schon nicht ganz geheuer, wie schnell sich unsere Beziehung intensiviert, noch nie habe ich solche Briefe, Gedichte bekommen, habe selbst solche Briefe geschrieben. Es ist der Anfang einer leidenschaftlichen Geschichte, mit Höhen und Tiefen, die sieben Jahre dauern sollte.

XXXX

Passau: Wo Inn und Donau zusammenfließen und weiter über die Grenze: Dritte Station: Linz

Halt, außer dem blauen Inn und der braunen Donau fließen auch noch die schwarzen Gewässer der Ilz hier zusammen. Und da alle drei Hochwasser führen, ist der Eindruck noch überwältigender als vor 48 Jahren, als ich Passau zum ersten Mal erlebte. Passau kommt mir vor wie ein einziges riesiges Schiff, das dem Meer entgegenträumt. Am Innufer wird mit Hochdruck gearbeitet um die Sandanschwemmungen von Innkai wegzuspülen. Der Inn ist eben wieder in sein Bett zurückgekehrt. Ich schau flussaufwärts über die gewaltigen ziehenden Wassermassen, die aus meinen Bergen kommen und träume dem Engadin entgegen. Warum heißt der Strom fortan Donau und nicht Inn? Er führt doch mehr Wasser, ist länger unterwegs und sicher auch tiefer, außerdem ist er blau. Übrigens hat dies schon Jacob Scheuchzer vor 200 Jahren festgestellt, wie ich dem Donaubuch von Claudio Magris

155

entnehme. Dann würde man aber auch von einer „Inn-
monarchie" sprechen, und das wäre mir dann doch nicht
so sympathisch. „Wie wäre es, wenn wir mal mit den
Fahrrädern dem Inn entlang fahren würden, vielleicht von
Wasserburg aus, wo weder Autobahn noch Bundesstraße
ihn begleiten?" schlage ich Klaus vor. Doch momentan
sind wir auf unserer Donaureise und wollen öfter auf dem
Donauradweg unterwegs sein. Da wir wegen Überflutung
auf dem Innkai nicht bis zum Dreiflusseck vordringen
können, wie wir vorhatten, steigen wir wieder in die Stadt
hoch und zum Dom. Es ist kurz vor zwölf. Damals war ich
jeden Tag im Dom und ließ mich vom Orgelspiel
wegtragen. Doch das Spiel hat schon begonnen, der Dom
ist verschlossen, sie lassen niemanden mehr herein. Also
steigen wir zur Donau hinunter. Hier liegt ein Donau-
kreuzfahrtschiff hinter dem anderen, und die dement-
sprechenden Touristen wuseln herum. Wir versuchen dem
Gedränge flussabwärts zu entkommen um den magischen
Ort der Vereinigung zu erreichen. Der ist eigentlich noch
gesperrt. Auch hier überall Sandablagerungen. Wir
überwinden die Absperrung und stehen ganz vorne, wo die
Wasser zusammenkommen. Ich komme mir vor wie die
Galionsfigur eines Riesenkahns, der langsam und stetig
der Mündung und der endgültigen Auflösung entgegen-
treibt. Jetzt bin ich in der richtigen Stimmung um nach
Österreich einzureisen. An der Grenze lösen wir ein
Zehntage-Ticket und beziehen hinter Linz einen
Campingplatz an dem kleinen Pichlingersee. Der Kater hat
die Fahrt klaglos über sich ergehen lassen und ver-
schwindet angeleint unter dem Auto. Wie sich bald
herausstellt: Einer seiner Lieblingsplätze. Am nächsten
Morgen machen wir uns bei strahlendem Wetter mit den
Rädern auf nach Mauthausen. Wir haben uns einen

Besuch im KLM schon vor der Reise vorgenommen. In Nürnberg links an der Lorenzkirche entlang auf der Nordseite gibt es einen Kreuzweg mit 14 über einen Meter großen quadratischen Granitplatten. Davor eine Inschrift:

UND AUCH STEINE LEBEN. SIE SIND
GEBEINE DER MUTTER ERDE. MISS
BRAUCH VON STEINEN IST WIE MISS
BRAUCH AM MENSCHEN. DIE VIER
ZEHN STEINPLATTEN STAMMEN
VON DER GROSSEN STRASSE DES
NATIONALSOZIALISTISCHEN REICHS
PARTEITAGSGELÄNDES. SIE WURDEN
STÜCK FÜR STÜCK VON ZWANGS
ARBEITERN UND GEFANGENEN IN
KONZENTRATIONSLAGERN BEAR
BEITET. JEDER STEIN IST FINGERAB
DRUCK EINES MISSBRAUCHTEN
UND GESCHUNDENEN MENSCHEN

Der Burgenländer Karl Prantl hat diesen „Nürnberger Kreuzweg" 1991 geschaffen. Er ist am 8. Oktober 2010 im 87. Lebensjahr gestorben. Im Sommer 2008 hatten wir mit zwei Söhnen von Klaus, die in Nürnberg leben, auf Leinwand mit roter Farbe fünf Abdrucke von diesen Steinplatten gemacht, die 1937, 1938, unseren Geburtsjahren auch in Mauthausen hergestellt worden sind.

In der Nacht vor unserem Besuch in Mauthausen träume ich von einem vereisten Menschen, der auf einem Stuhl festgefroren war. Wir haben absichtlich noch nichts über das KZ Mauthausen gelesen, als wir uns auf den Weg machen. Wir schlagen uns erst quer durch die Felder, bis wir durch die Auenwälder auf den Donauradweg kommen. Über ein Riesendonaukraftwerk überqueren wir den Strom und stoßen auf einen weiteren Donauradweg, der über Mauthausen führt. Vom Dorf aus führt die Straße steil aufwärts zur Gedenkstätte. In sengender Sonne schieben wir unsere Räder. Touristenbusse fahren an uns vorbei. Von der Höhe bietet sich ein weiter Blick über das Donautal. Eine letzte Straßenbiegung noch und vor uns erstreckt sich ein monströses Riesenbauwerk gleich einer Festung. Mir schnürt sich jetzt schon der Hals zu und ich beginne in der Hitze zu frieren. Ich ziehe mir meine schwarze Windjacke über. Nachdem man durch eine Art Eingang mit Informations- und Museumsshop geschleust worden ist, kommt man auf ein Gelände, auf dem sich Schulklassen herumtreiben, futtern, lärmen, sonnen. Hier kann man auch aufs Klo gehen und sich die Hände waschen. In diesem Konzentrationslager sind mehr als 100000 Menschen umgekommen, vor allem Politische, nur wenig Jüdische. Wir treten durch einen Torbogen auf einen gigantischen Platz, um den herum endlose Baracken stehen. Der Platz ist leer, die Sonne knallt herunter. Hier wurden die Gefangenen zum Appell versammelt, in Reih und Glied aufgestellt. Wir gehen der Außenmauer entlang und kommen zu einer Art Klagemauer mit vielen Gedenktafeln. Ich lese von einem russischen General, den die SS im Februar 45 nach grausamer Folterung in die frostklirrende Nacht hinausführte und ihn mit Wasser begoss, das sogleich zu Eis erstarrte, so lange mit Wasser begoss, bis er von Eis umschlossen und tot war. Mich schauert. Mein Traum mit dem Eismann fällt mir wieder ein. Es sind Gedenktafeln für Tote aus fast allen Ländern

Europas. Auch einige außereuropäische sind dabei. Sogar eine Tafel für Schweizer, die hier umgekommen sind, finde ich. Die Inschrift in ist Deutsch und Französisch. Ich lege zwei Steine auf den oberen Rand. Wir sind jetzt hinter der rechten Reihe der Baracken, außer uns kein Mensch. Wir gehen ein paar Stufen hinunter durch eine Tür und finden uns plötzlich in den Kellern, wo kremiert, vergast, erhängt, erschossen, zu Tode gefoltert wurde.

Später starren wir die Todestreppe hinunter, die zu den Steinbrüchen führt. 186 hohe Stufen aus roh behauenen Quadern. Die Gefangenen mussten große Granitbrocken über manchmal kniehohe Blöcke nach oben schleppen. Die Sonne brennt. Oft brachen sie unter den Steinen zusammen, wurden zu Tode geprügelt oder gleich erschossen.

Die Granitplatten vor der Lorenzkirche sprechen jetzt nochmal anders zu mir. Am 9. November 2010 hat der ökumenische Schweigegang vor unserem Haus gehalten. Klaus hat einen Abdruck einer Granitplatte vor ein Fenster gehängt und von der Lorenzkirche und unserem Besuch in Mauthausen berichtet, und ich habe die von Karl Prantl geschaffene Inschrift vorgelesen. Dann zogen wir mit dem Zug weiter zum jüdischen Friedhof.

XXXX

Im Frühjahr 1992 werden rechts neben unserem Haus alte Scheunen eingerissen, in denen früher Fuhrmann Jansen, ein Lechenicher Original, seine Pferde gehalten hat, und die zu meinem Grundstück eine hohe Mauer gegen Westen gebildet hatten. Das alte Wohnhaus wird umgebaut und ein Anbau von etwa 8 Metern Länge soll an der Grundstückgrenze entstehen. Etwa 20 Meter bleiben frei und öffnen den Blick auf den Abendhimmel. Das löst auch bei mir Lust auf Veränderungen aus. Im Bereich der künftigen hohen Mauer lege ich einen tiefen runden Teich an, der in den schon vorhandenen Tümpel überfließt. Vor allem aber beginne ich den Dachstuhl auszubauen. Er ist bereits mit Dämmwolle und einer Silberfolie isoliert, aber das ist auch schon alles. Ich will ein Badezimmer einbauen, einen horizontalen Boden mit Trittschallschutz legen (der alte Boden fällt stark ab), die Schrägwände bis zum Giebel mit Holz verkleiden, Schränke einbauen, drei Doppelglas-Dachfenster einfügen, eine Dachgaube zum Garten hin bauen lassen. Für die Gaube brauche ich eine Baugenehmigung und Handwerker. Alles andere, außer der Installation der Heizkörper und des Badezimmers, machen wir selber. Fast jedes freie Wochenende verbringe ich im Dach, Achim hilft sehr oft mit. Neben der anstrengenden Beratungsarbeit, die immer noch zunimmt, macht es mir Freude körperlich zu arbeiten, zu sehen was entsteht, Stück für Stück.

Vielleicht treibt mich auch die Hoffnung an, dass Achim nach dem bevorstehenden Abi in der Nähe studiert, und dann da oben im Dach für sich wohnen kann. Auch die Frage nach dem Älterwerden und dem Alleinsein lässt sich so noch etwas wegschieben. Nächstes Jahr werde ich 55. Und Hans 66. Unsere Geburtstage liegen nahe beieinander. Wasserfrau und Wassermann. Und 66 ist ein Schnapsgeburtstag, da hat er keine gesellschaftliche Verpflichtung, diesen Tag groß in Zürich zu feiern. Ich frage ihn, was er von der Idee hält, zusammen unseren 121ten Geburtstag zu feiern, der auch fast mit unserem dreijährigen Jubiläum zusammenfällt. Er findet das prima. So fange ich gegen Ende des Jahres mit den Vorbereitungen zum 7. Februar an, der zufällig auf einen Sonntag fällt. Inzwischen habe ich meine Aversion in puncto Vereine überwunden und bin dem „SCHAU-FENSTER", Künstlerforum Erftstadt e.V., den Ingrid Wiesselmann leitet, beigetreten. Dem Verein ist sein Domizil gekündigt, der Zuschuss der Stadt gekürzt worden, und er kann Unterstützung durch neue Mitglieder gut gebrauchen. Dadurch habe ich einige Leute kennengelernt, unter anderen Theo Kerp, einen Grafiker, der Zeichentrickfilme herstellt und auch mit Papiertheater-Aufführungen auftritt. Für etwa zehn bis fünfzehn Zuschauer zaubert er auf einer kleinen Guckkastenbühne poetische Stücke hin, indem er selbstgefertigte Papierfiguren zum Leben erweckt. Es gelingt mir, ihn zu dem Fest zu engagieren. In dem halbfertigen Dach richte ich einen Zuschauerraum ein, den ich mit Elektroöfen etwas temperieren kann. Es ist der größte Raum in meinem Haus. Fürs Buffet, den Brunch am Sonntag ab 11 Uhr, habe ich einen Brienzer-Hobelkäse in der Schweiz bestellt, den Hans an der Rötelstraße abholen und mitbringen will. Als ich ihn am Freitagabend am Flughafen abhole, ist - außer dem Käse- alles schon vorbereitet oder wird rechtzeitig geliefert, so dass wir einen stressfreien Tag ganz für uns haben. Insgeheim habe ich die Geburtstagsidee schon verflucht, weil wir nicht nur für uns sein können. Doch es wird ein sehr gelungenes Fest, mit dem Höhepunkt Papiertheater, das Theo Kerp gleich zweimal aufführt, damit alle es sehen können. Hans ist ganz überwältigt davon, wie viele interessante, nette, spannende Leute ich kenne. Alles läuft wie von selbst. Die Menschen gruppieren sich zu immer neuen Gesprächen. Als ich Hans abends zum Flughafen bringen muss, will der harte Kern noch bleiben und warten, bis ich wieder zurück bin.

Die Freunde vom Schau-Fenster sind auch von Hans

total begeistert. Kurz zuvor hatte ich zum ersten Mal mitgeholfen eine Ausstellung im Stadthaus zu installieren: „Drei Frauen in drei Räumen", was mir viel Spaß machte. Eine der drei Frauen kannte die Sendung von Hans. Als dann Klaus Schramm, der seit Jahren der Hauptinstallateur der Ausstellungen ist, verriet, ich würde ja auch einen „großen Namen" tragen, schlug sie vor, ich solle mich doch mal bei der Sendung melden. Großes Gelächter. Ich hab sie darauf hin gleich zum Geburtstag eingeladen.

Durch Hans hatte ich auch immer ein Ohr in der Schweiz, mein linkes. Da ich oft unterwegs war, hatte ich mir einen Anrufbeantworter zugelegt, auf den zeitlich unbegrenzt aufgesprochen werden konnte. Ich konnte Hans leider nicht so oft anrufen, wie ich es gerne getan hätte, da er zu Hause arbeitete und wir beide nicht wollten, dass seine Frau von unserer Beziehung erfuhr. Oft hatte ich den Eindruck, dass sie es auch gar nicht wissen wollte. Denn wenn wir in der Schweiz beisammen waren, versteckte er mich keineswegs. Er war ja in der Schweiz ziemlich bekannt, ein paarmal wurde ich auch mit seiner Frau verwechselt, ein andermal sah uns sein Sohn Thomas im vorbeifahrenden Auto und winkte fröhlich; ein paar Bekannte wussten von uns. Bis zuletzt hat seine Frau angeblich nichts gemerkt. Bald hatte ich auch den Trick heraus, wie ich ihm auf meinem Beantworter eine kurze Meldung zukommen lassen konnte: Ich sprach die Mitteilung einfach als Ansage auf.

Unter den hunderten von Telefonen landeten vielleicht die Hälfte auf dem Anrufbeantworter, den ich dann abends abhörte und oft Erstaunliches über meine liebe Heimat erfuhr. Dass eine politische Polizei über Jahre alle bespitzelte, die in Kunst und Gesellschaft auch nur einen leichten rötlichen Schimmer hatten. 900 000 Karteikarten wurden darüber angelegt!! Bei knapp über 7 Millionen Einwohnern! „Fichen" nannte man diese Akten. Man konnte Einsicht bekommen in diese Schnüffeleien, erfahren, ob man registriert war. Hans war selbstverständlich auch registriert. Manche waren geradezu enttäuscht, wenn keine Aktennotiz existierte. Zeigte es doch, dass sie nicht bekannt genug waren. Außer, dass es zum Heulen war, war es irgendwie auch komisch.

XXXX

Vierte Station: Rossatz in der Wachau und unterwegs zur fünften Station: Jennersdorf

Wir verlassen am 10. Juni bei strahlender Sonne den schönen Schattenplatz von Linz und den Pichlinger See mit seinen Riesenkarpfen, die sich, Kopf und Rückenflosse aus dem Wasser haltend, sonnen. – Klaus hat gestern Linz nach Kunst durchforstet und nichts Bemerkenswertes angetroffen, während ich auf dem Platz blieb und schrieb. Ein Zwischenhalt im Kloster Melk führt uns einen vergoldeten Alptraum vor: Ein Hohngelächter auf die Toten von Mauthausen. Wir ergreifen die Flucht. In der Wachau, auf einem direkt an der Donau liegenden Zeltplatz gegenüber von Dürnstein, mit seinem dekorativen, blaufarbenen Kirchturm, stellen wir uns direkt ans Ufer und fangen an uns einzurichten. Übellaunig kommt der Platzwart, bellt, wer uns erlaubt habe, uns hier hin zu stellen. Hier sei alles zum Wochenende vorbestellt. „Aber wir bleiben doch nur bis Samstag früh." Nein das gehe nicht, am Ufer sei alles reserviert. Wir packen unter den

163

hämischen Blicken der einzigen Camper, die am Ufer stehen dürfen, wieder ein. Der Platz ist ziemlich leer. Beim Umziehen hätte Klaus beinahe Winnie überfahren, der draußen am Auto angebunden war. Panik und Peinlichkeit. Schatten gibt es kaum: Sie haben alle Bäume grausam gekappt. Wohl um den Blick, der hinter dem Camping stehenden Häuser, auf die Donau und die Dürnstein-Idylle frei zu bekommen. Wir stellen uns irgendwo hin und ich versuche mit Planen, die ich an der Markise befestige, mehr Schatten zu schaffen. Als wir am nächsten Abend von einer Fahrradtour nach Krems und Stein und einer sehr bemerkenswerten Paula Modersohn-Becker Ausstellung wiederkommen und am Ufer entlang spazieren gehen, sind immer noch einige Plätze frei. Am Samstag fahren wir zeitig los. Wir haben beschlossen Wien und den Neusiedlersee links liegen zu lassen und bis ins Burgenland runter zu fahren. Als erstes schlägt ein Dachfenster hoch und lässt sich nicht mehr schließen. Wir halten an und reparieren es: Eine Feder war herausgefallen. Es wird schnell sehr heiß. Die Klimaanlage funktioniert nur beim Fahren. Wir wursteln uns über Baden an Wien vorbei und kommen auf die Autobahn nach Süden. Die ist ziemlich voll, dreispurig, Wochenendverkehr. Ich bin am Steuer. Irgendwas schlägt gegen die Radkästen, Split. Ich wechsle auf den Mittelstreifen. Dann, kurz vor der Ausfahrt Wiener Neustadt-West klopft es heftig. Am linken Vorderreifen. Was ist das? Ein scheußliches Geräusch, es qualmt, es stinkt, es klappert. Bremsen, Steuer halten, Warnlicht, Blinker, der Bus kommt am Beginn des Ausfahrtstreifens zum Stehen. Ich öffne das Fenster und sehe: wir stehen auf der Felge, der Reifen ist völlig zerfetzt.

Neben uns rasen die Autos vorbei. Wir blicken uns

wortlos an, oder haben wir beide Scheiße geschrien? Ich schließe Winnie an die Leine. Beim Öffnen der Tür dringt Gluthitze herein. Klaus geht mit Warnweste und Warndreieck ein Stück zurück. Ich gebe auf dem Handy mit zittrigen Fingern den ADAC Notruf ein. Die Münchner wollen meine Handynummer wissen, die ich natürlich erst suchen muss. Sie benachrichtigen Kollegen in Österreich. Endlich ruft einer an, den ich schlecht verstehe. Ich sag ihm, wo wir sind, und dass wir keinen Wagenheber haben. Klaus hat ihn schon verzweifelt gesucht. Dort wo er sein sollte, haben die Campcar-Bauer eine zweite Batterie eingebaut. Ich tröste Klaus, der am liebsten selber den Reifen gewechselt hätte. Was viel zu gefährlich gewesen wäre. Nach einer weiteren Stunde in sengender Hitze kommt ein gelber Abschleppwagen und stellt sich hinter uns. Der gelbe Engel wechselt dann tatsächlich an Ort und Stelle den Reifen, nachdem er seinen Wagen etwas in die Autobahn hinein versetzt hat. Es kommt mir immer noch sehr gefährlich vor. Wir fahren dann vorsichtig von der Autobahn herunter zu einer Tankstelle, wo er auf uns wartet. Da steht schon ein anderes Auto, ebenfalls mit einer Reifenpanne. Die haben davor auch ein verdächtiges Klopfen gehört. Unser gelber Engel erklärt uns dann, dass die Aluschrauben der Felge vom kaputten Reifen nicht so richtig auf die Felge des Ersatzreifens passen. Was das heiße? Na ja, wir können schon weiterfahren, sollen aber nach 50 km kontrollieren. Unterwegs treffen wir noch zwei weitere Fahrzeuge, die mit Reifenpanne am Rand der Autobahn stehen. Ein Terrorakt? Wir kommen heil in Jennersdorf auf einem schönen Campingplatz an, neben einem großzügigen Schwimmbad, in das wir uns gleich stürzen. Winnie hat sich die ganze Zeit vorbildlich verhalten und verdient das Reisekater-Vordiplom.

XXXX

Nach meinem fünfundfünfzigsten Geburtstag

Im Frühjahr 1993 mache ich mich an und hinter die Fassade meines Hauses. Noch immer ist sie mit dunkelrotem „Eifelglück" verkleidet, mit Teerpappenpseudobackstein, mit dem viele Häuser in den fünfziger, sechziger Jahren „verschönert" wurden. Für ein denkmalgeschütztes Haus ein unwürdiger Zustand. Der wilde Wein, mit dem ich die Hässlichkeit zuwachsen ließ, bietet zwar belaubt einen rot-grünen, alternativen Anblick, aber im Winter ist die Straßenseite einfach nur scheußlich. Ich nehme all meinen Mut zusammen, denn ich weiß ja nicht, was mich darunter erwartet. Klaus Schramm, der in der gleichen Straße im Zehnthof ein Atelier hat, nimmt mir begeistert einige ganz gebliebene Platten ab, er meint, die eigneten sich vorzüglich als Malgrund. Apropos Kunst: das Schau-Fenster hat eine neue Galerie. Am 11. Juli 1993 wird die erste Ausstellung eröffnet mit Bürgermeister und vielen Gästen. Davor haben Klaus Schramm und ich 32 Künstler auf den circa 20 Quadratmetern untergebracht. Ich bin inzwischen im Vorstand des Vereins und somit an den elf Ausstellungen im Jahr beteiligt.

Zurück zum Bau: Die restlichen Eifelglück-Platten entsorge ich. Nachdem ich auch auch das Lattengerüst abgerissen habe, liegt der ursprüngliche weiße Putz frei. Seitlich versetzt sind etwas vorragende Quadersteine angedeutet, oben begrenzt eine Zackenreihe die Wand. Unter den drei Fenstern des Obergeschosses, das etwa zwanzig cm vorragt, zeigen sich zwei rhombische Medaillons. Das dritte ist bei einem Mauerdurchbruch für ein Klavier – davon habe ich gehört – verloren gegangen.

Sieht eigentlich ganz harmonisch aus, finde ich. Nur leider ziemlich ramponiert. Also rekonstruiere ich das Vorgefundene auf Papier und ersuche die Denkmalbehörde um Genehmigung für eine Renovation. Sie genehmigen. Sollte ich aber Gelder beanspruchen, verlangen sie die Ersetzung etwaiger schadhafter darunterliegender Balken des Fachwerks durch Eichenbalken und einen Putz aus Joghurt und Quark. Ich beanspruche keine Gelder. Inzwischen habe ich einen Stuckateur-Meister aufgetan, der die neue Fassade errichten will. Und einen Schreiner für die neuen Eichenlaibungen und Isolierglas-Sprossenfenster aus Kiefernholz. Nun beginnt ein Wettlauf mit der Zeit, denn für August haben wir in Sils-Baseglia mit den Nachbarn zusammen die Posta-Veglia, ein großes altes Haus gemietet, und es ist inzwischen Mitte Juli. Als wir beginnen den Putz vor dem Wohnzimmer unten links abzuschlagen, stellen wir bald fest, dass die unteren Fachwerkbalken ziemlich morsch sind. Ich weiß, dass die Wand unten rechts vor der Küche aufgemauert ist. Der Pützer meint, am besten sei es, diese Wand einzureißen und dann auch aufzumauern. Er würde sie, kurz bevor wir wegfahren, verputzen, so dass man nicht sehen könne, dass sich darunter Steine befinden, falls das Denkmalamt vorbei komme. Ich rufe den Schreiner an, ob er bereit sei, eines der neuen Fenster einzusetzen. Er ist bereit. Zwei Arbeiter vom Nachbarhausbau helfen. Die Decke des Wohnzimmers wird abgestützt. Achim dichtet alles sorgfältig mit Folie ab. Am 20 ten Juli ist es soweit: Die Wand wird eingeschlagen. Der Putz ist beinhart. Die „morschen" Eichenbalken bringen die Kettensäge zum rauchen. Die Nachbarn verfolgen das Geschehen. Ein Wasserrohrbruch kommt auch noch dazwischen. Der Installateur, der uns 1975 die Heizung eingebaut und neue Wasserleitungen gelegt hatte, kommt uns schnell zu Hilfe und ersetzt die angeschlagene Leitung. In zwei Stunden ist die ganze Mauer weg und nur noch der Heizkörper hängt einsam in der Luft. Ich bilde mir ein, dass das Haus leise schwankt. Aber es hält. Ich übergebe Achim die Bauaufsicht, denn ich muss weg zur Arbeit. Als ich abends wiederkomme, steht die neue Mauer, und am 22. Juli abends ist auch das Fenster eingesetzt. Die neue Wand wird innen mit Styropor-Regipsplatten verkleidet. Die ganze Zeit über muss ich noch arbeiten und Urlaubsvertretungen machen, doch Achim hat bereits Ferien und unterstützt mich nach Kräften. Ab 24. Juli habe ich dann vier Wochen Ferien. Nun richten wir das Wohn-zimmer wieder her: Tapezieren, streichen. Zum Glück spielt das Wetter mit, so dass alles schnell trocknet. Wie versprochen kommt der Stuckateur-Meister und verdeckt die sauber aus Kalksandsteinen gesetzte Wand mit einer ersten Schicht Putz. Am 30. Juli fahren Achim, der inzwischen den Führerschein hat, und ich nach Zürich. Wir lösen uns gegenseitig beim Steuern ab. Die Nachbarn kommen zwei Tage später. Die Posta Vecchia in Baseglia ist ein Traum. Wir hatten das Haus vor zwei Jahren schon einmal gemietet. In der großen Küche versammelt sich abends die ganze Gesellschaft zum Essen. Daneben liegt die gemütliche, geräumige Stube mit dem Kachelofen, dessen wohlige Wärme wir abends genießen, und von dem man direkt nach oben in ein Schlafzimmer klettern kann. Drei weitere Schlafzimmer und zwei breite Flure bieten viel Platz für Spiel und Spaß. Das Haus liegt unweit vom See, der in diesem Jahr warm genug ist zum Schwimmen. Selbst im Cavloggia See baden wir in strahlender Sonne. Sich dann, auf den sonnenwarmen Felsen liegend, trocknen zu lassen, ist ein Hochgenuss.

Als Hans mich drei Tage besucht, wie meistens aus ziemlichem Stress heraus, fühlen wir uns wunderbar geborgen in dem alten Gemäuer und der entspannten familiären Atmosphäre. Mit einem Promi im Hotel zu wohnen, hat oft etwas Spießrutenartiges auf sich. Die Trennung fällt mir diesmal noch schwerer als sonst, auch weil Hans im September mit seiner Erna für einen Monat nach den USA entschwindet. Obwohl ich mich dagegen wehre, und mir auch ganz klar ist, dass ich an seiner Seite gar nicht leben möchte, schleicht sich immer wieder einmal ein Gefühl von Eifersucht ein. Vor allem in meinen Träumen nachts.

Nach den Ferien stürze ich mich wieder in die Arbeit, dazu in eine Weiterbildung über mehrere Wochenenden in Münster, in der ich zur Mediatorin in Trennungs– und Scheidungsfragen trainiert werde. Zuhause wartet die Renovation der Fassade auf mich, die noch ein paar Überraschungen bereithält. So ist die Mauer zum Badezimmer in der Hausmitte durchfeuchtet, Holzwürmer tummeln sich in den Balken – sie muss ersetzt werden. Was bedeutet: Wenn die neuen Fenster eingesetzt sind, muss neu gekachelt werden. Zum Glück habe ich noch genügend Kacheln aufgehoben. Endlich ist der ganze Putz weg. Das Fachwerk ist soweit in Ordnung. Die paar Stellen kann ich selbst ausbessern und nachher mit Holzschutz streichen. Noch vor dem Winter kommen die restlichen Fenster rein, wird alles isoliert und verputzt. Eine letzte Schicht soll dann im nächsten Sommer folgen. Es gefällt mir jetzt schon gut. Die kleinen Engadiner Gardinen vor den Sprossenfenstern machen sich gut. Spät im Jahr fliege ich noch einmal nach Zürich und treffe Hans für drei Tage in Bern. Wieder zuhause ruft er mich entsetzt an, dass er in seinem Gepäck ein schwarzes Dessous vorgefunden habe. Ich hab keinen blassen Schimmer, wie das da hineingeraten ist. Wir einigen uns, dass auch er es, als Freudsche Fehlhandlung, hätte eingesteckt haben können. Das erinnert mich an mein Unterhöschen im Deutschen Bundestag. Mit dem Team von Pro Familia nahmen wir an einer Besichtigung teil. Wie ich da sitze und den Worten des Vortragenden lausche, spüre ich, wie etwas neben mir zu Boden gleitet. Niemand bemerkt es. Diskret hebe ich es auf. Es muss von gestern noch in der Hose gesteckt haben, als ich mich heute frisch anzog; und hat sich dann im Bundestag selbständig gemacht. Meine Katze Andy, hat auch so eine seltsame Vorliebe für meine Unterhosen. Sie schnappt sie sich und schleppt sie im Haus herum. Ich hab auch schon welche vor der Haustür oder vor der Garage angetroffen. Doch keines der Höschen hat je gravierende Folgen gehabt, auch das von Bern nicht.

XXXX

Jennersdorf liegt an der Raab, die bald ein Stück Grenze zu Ungarn bildet und als Raba irgendwo im Osten die Donau erreicht. Etwas südlich von Jennersdorf liegt St. Martin an der Raab. Der Ort, weswegen wir diese Gegend überhaupt aufsuchten. Denn hier wohnt, im südöstlichsten Zipfel Österreichs, am Dreiländereck zu Ungarn und Slovenien ein Künstler, Walter Pichler, der Klaus fasziniert. Er hat vor Jahren in diesem Grenzland einen Bauernhof gekauft und baut für seine monumentalen Figuren jeweilen ein Haus. So pilgern wir denn an einem schönen Sonntagmorgen mit dem Fahrrad zu diesem Eremiten. Ortsansässige Künstler hatten uns schon gewarnt, dass er sehr zurückgezogen lebe. In einer Kneipe in St. Martin lassen wir uns erklären, wo genau sein Hof liegt. Wir

schieben die Räder durch schattigen Wald den Berg hoch.
Der Hof, eine nach Westen offene U-förmige Reetdach-
bedeckte Anlage, liegt auf der Anhöhe mit weitem Blick
über die Grenzen und in den Himmel. Auch die hermetisch
wirkenden Häuser, die den Hof umgeben, erkennen wir
wieder. Der ganze Gebäudekomplex ist im Biennale-di
Venezia-Katalog von 1982 abgebildet. Eine wundersame
Ruhe liegt über dem Ganzen in dieser sonnenwarmen
Mittagszeit. Wir gehen um den Hof herum, suchen den
Eingang. Vor dem Südflügel steht ein schlichter Holztisch
mit Bank, darauf ein Aschenbecher. Die Tür steht offen,
keine Klingel, kein Klopfer. Wir rufen, nichts, warten, rufen
nochmal, nichts. Dann gehen wir hinein in den niedrigen
Flur. Rechts sehen wir durch die offene Tür in eine
gemütliche Stube mit Kachelofen. Wir rufen wieder, gehen
durch den Flur in den Innenhof. Rufen wieder. Endlich
öffnet sich eine Tür in der Ecke gegenüber und Walter
Pichler tritt heraus. Wir gehen auf ihn zu, entschuldigen
unser freches Eindringen und erklären, wer wir sind und
was wir wollen. Er ist freundlich, sagt, dass er leider keine
Zeit habe, er müsse noch etwas fertigen und heute noch
nach Wien fahren. Aber wir dürften uns auf dem Gelände
umsehen. Zu den Gebäuden aber könne er keinen Zutritt
gewähren, da müsste er mitgehen. Und schon ist er wieder
verschwunden. Also gehen wir weiter herum. In dem Haus,
in dem der geheimnisvolle Rumpf thront, sind ringsum,
fensterlose Schlitze angebracht, durch die man eben den
Kopf schieben kann, so dass man aus zwölf
verschiedenen Standpunkten in den Bau hineinsehen
kann. An der Längswand steht ein weißer Kubus, auf dem
der überlebensgroße Rumpf ruht. Dicht über seinem Kopf
beginnt das ziegelbedeckte Zeltdach. Den Kern des
Rumpfs bildet der rechtwinklige Astansatz eines

umgestürzten und weitergewachsenen Baumes. Stroh und Holz wurden darum gebunden und mit Lehm bestrichen. Beim fertigen Rumpf schimmert die Schädeldecke, der Brustpanzer und der Penis in goldener Bronze. An der Querseite steht auf sechs Pfählen eine Holzplatte mit mehreren strahlenden, spiegelnden Bronzeschädeldecken. Sonst ist der Raum leer, der Wind kann nach allen Seiten durchwehen. In einem anderen Haus mit Glasdach ahnen wir mehr, als dass wir sie sehen, eine bewegliche Figur mit Mantel. Eigenartig berührt umkreisen wir noch einen Bau für drei Vögel, einen anderen für ein Kreuz und ziehen uns dann nach Jennersdorf zurück. Wir schicken Walter Pichler eine Postkarte mit der Dornenkrönung Christi von Jörg Breu von 1502, aus dem ehemaligen Hochalter der Stiftskirche in Melk. Schreiben auf die Karte: „In Melk hat man den Altar des Jörg Breu aus der Kirche entfernt, damit er die benediktinischen Barockvorstellungen nicht stört. Wir hoffen sehr, dass das Lebenswerk eines Künstlereremiten dereinst für die Nachwelt erhalten bleibt, und Pilgerwegs-Hinweise nach St. Martin zeigen, so dass, wer will, diesen spirituellen Ort erleben kann, der Mut macht die Schönheit des Lebens zu erfassen und das Ende anzunehmen. Wir entschuldigen uns nochmals für das unangemeldete Eindringen am letzten Sonntag. Wir würden uns freuen, wenn wir Bilder, Zeichnungen von Ihnen auch im Rheinland sehen könnten."

Mit dem Rad dringen wir auch in Ungarn ein. Von Neumarkt führt eine nur zum Teil grob asphaltierte Nebenstraße über die Grenze nach Alsószölnök, das wie ausgestorben daliegt, und dessen Trostlosigkeit uns bald wieder zurückfahren lässt. Am Tag, als wir neue Reifen in Güssing besorgen, fahren wir ein zweites Mal mit dem Camper auf der E 66 nach Ungarn, und werden an der

Grenze barsch interviewt wozu, warum überhaupt. Die Ausweise werden verlangt. Als Klaus sagt, er dachte die Grenze sei offen, werden wir wie lästige Insekten betrachtet, so dass wir schnellstens versichern, nur eben nach Szentgotthárd fahren zu wollen und dann wieder zurück nach Österreich. Unsere Devotheit hat mit der Angst zu tun, dass sie gleich unser Auto zerlegen wollen, und wir dann dastehen und es nicht mehr zusammensetzen können. Wir sind dann mit gedämpfter Neugier in Sankt Gotthard herumgegangen. Auch im Supermarkt fanden wir kein ungarisches Produkt, das uns zum Kauf bewegen konnte. Während im Burgenland überall üppige Kürbispflanzen wuchern, sahen wir in Ungarn nur triste Brachfelder, die uns schnell wieder zurück trieben.

In einer Ölmühle erwirbt Klaus ein köstliches Kürbisöl (5 Kilo Kürbiskerne ergeben einen Liter Öl), dieweil ich mit Kater spazieren und dann schwimmen gehe. In der Nacht fängt es unmäßig an zu regnen, so dass wir bei Regen einpacken und von unserem Standplatz nur mit Hilfe des Platzwarts und eines Campinggastes wegkommen. Die schönen neuen Reifen drehen durch. Der Bach über den wir müssen, um auf die Straße zu kommen, ist kurz davor über die Ufer zu treten. Ein paar Kilometer hinter St. Martin fahren wir über die völlig unbewachte slowenische Grenze.

XXXX

Das Jahr 1993 war der Höhepunkt unserer siebenjährigen Geschichte. Danach schlichen sich immer mehr Zweifel ein. Gesundheitlich gab es Einbrüche. Hans Diabetes geriet öfter außer Kontrolle. Augen- und Hüftoperationen waren erforderlich. Damit verbunden stieg seine Angst vor den Folgen einer Entdeckung. Die schlimmste Vorstellung für ihn war: Aus seinem Haus geschmissen zu werden. Immer öfter denke ich ans Älterwerden, habe Angst im Haus allein zu bleiben, wenn Achim nach dem Abi weg ist. Noch absolviert er Praktika für ein Ingenieur-Studium an der FH Jülich. Im Sommer macht er sich allein mit dem Fahrrad auf eine über 3000 km lange Fahrt: Am Rhein entlang bis er zur Donau kommt, dann auf dem Donauradweg über Regensburg, Passau, Linz bis Wien. Hinter Wien dann nach Süden quer durch die Alpen ans Mittelmeer und nach Venedig, dann durch die Poebene Richtung Tessin und über den Gotthard; von da mit der Bahn nach Zürich zu Georg und Vreni, wo er sich etwas erholen kann. Weiter mit dem Fahrrad zum Rhein und entlang des Rheins bis Koblenz. Erst da setzt er sich wieder in den Zug bis Brühl. Nach nicht ganz vier Wochen kommt er in Erftstadt an. Damit beweist er sich und mir drastisch und endgültig, dass er mich nicht mehr braucht. Ich ertappe mich immer wieder, wie ich vor mich hinbrüte und ins Leere starre. Ich muss mir wieder ein neues Ziel setzen, mich endlich von meiner Mutterrolle verabschieden. Die Telefonanrufe von Hans werden spärlicher und vor allem kürzer, sachlicher. Es war auch eine Zeit in der die Atmosphäre in einer der Beratungsstellen bedrückend wurde. Gegenseitiges Misstrauen machte sich breit. Die Beratungen machten zwar weiterhin Freude, aber die Teamsitzungen wurden zur Qual. Ich vermisste Anrufe aus Zürich doppelt. Die Stimme, die mich immer so aufgestellt hatte. Mir tat es körperlich weh, nichts von Hans zu hören, ich fühlte mich total abgeschnitten. Dann hatte ich wiederum Angst, dass er mich gar nicht anläuten kann, weil ihm etwas zugestoßen ist. Ich steckte fest, fühlte mich alt und älter werden, spürte mich nicht mehr als Frau. Ich fragte mich, warum ich mich so quäle und nicht dem ganzen Spuk ein Ende mache. Ich konnte nicht.

Was war geschehen? Diese Liebe, die für uns beide über Jahre eine so wunderbare Energiequelle war, soll einfach nicht mehr da sein? Mir wird klar, dass ich kleinlich seine Liebe anzweifle, und dabei bin sie wertlos zu machen. Aber wie sieht es bei mir aus?

Ich merke bald, dass ich es bin, die ganz massiv damit beschäftigt ist, den Wert unserer Beziehung in Frage zu stellen. Eifersüchtig achte ich darauf, wie lange seine Telefonate sind. Bin gekränkt, wenn er auflegt, weil seine Gattin gleich nach Hause kommt. Beim nächsten Anruf bin ich dann blockiert, oder reagiere ironisch, und wundere mich, dass er ihn bald beendet. Ha, wieder ein Beweis, dass er mich nicht mehr so liebt. Und die Auseinandersetzungen bei unserem letzten Treffen auf der Lenzerheide, als wir endlich wieder einmal eine ganze Woche Zeit füreinander hatten, kamen die nicht auch aus dieser Ecke? Kleinliches Abwägen, wer wie viel in die Beziehung investiert. Vorwürfe und Schuldzuweisungen. Ein Teufelskreis. Das kannte ich doch aus meinen Beratungen.

Schließlich versuchte ich unsere Bindung etwas distanzierter zu betrachten. Es kann ja nicht sein, dass alles, was sie im Kern ausmachte, das wortlose Einanderverstehen, die weitgehende Übereinstimmung der Interessen, Vorlieben und Abneigungen, das Sichriechenmögen, wir lachten und ärgerten uns über die gleichen Dinge, kurz, der ganze geistige Hintergrund konnte doch nicht einfach weg sein.

Endlich gelingt es mir zu Hans wieder so offen zu sein, wie schon lange nicht mehr. Meine Ängste auszusprechen. Die Angst ihn zu verlieren. Die Angst vor dem einsamen Alter. Die Angst vor dem unausweichlichen Ende unserer Beziehung, und dass ich munter dabei bin, aus all diesen

Ängsten heraus, unsere Liebe kaputt zu machen.

Und siehe da, er leidet unter den gleichen Ängsten. Hatte er früher öfter mal erwogen, alles hinzuschmeißen und mit mir ein neues Leben anzufangen, so ist ihm dies heute nicht mehr vorstellbar; aber nicht, weil er mich nicht mehr liebt, sondern weil die zunehmenden Krankheiten ihn immer mehr einschränken, und das bald bevorstehende Ende unserer Beziehung ihn ängstigt, lähmt. Aber noch größer ist die Angst vor der Entdeckung und die damit verbundene Furcht alles zu verlieren, was er sich aufgebaut hat. Zu seinem 69 Geburtstag am 1. Februar 1996 schrieb ich ihm:

„Liebster Hans,
Alles erdenklich Gute zu Deinem 69. Geburtstag und zu all den 366 Tagen deines 70ten Lebensjahres, Gesundheit, Zuversicht und Schaffenskraft, viele glück- und lustvolle Stunden. Nun kennen wir uns schon sechs Jahre. Und da unsere Kennenlerntage in diesem Jahr auf die gleichen Wochentage fielen, habe ich besonders intensiv daran gedacht. Wie dicht beieinander doch Glückstaumel und tiefster Schmerz lagen! Ich denke daran, wie ich heute vor sechs Jahren um Achims Leben gezittert habe und trostlos einsam war, denn ich wagte ja nicht zu hoffen, dass aus dem herrlichen Erlebnis in Stuttgart, sich etwas entwickeln könnte. Auf der Rückfahrt am Freitag nach unserem Abschied gingen mir unentwegt Rilkes Zeilen durch den Kopf:
„Sei allem Abschied voran, als wär er hinter
dir, wie der Winter der eben geht,
denn unter Wintern ist einer so endlos Winter,
dass, überwinternd, dein Herz überhaupt übersteht.“

Nun ja, unsere Herzen haben schon einige Winter überstanden , den letzten im Sommer. Ich wünsche mir so sehr, dass wir die Zeit, die uns noch bleibt, die Stunden, die wir noch zusammen sein dürfen, einander zugewandt und ohne Missverständnis verbringen können, und dass wir jede aufkeimende Spannung gleich ansprechen. Und nicht aus wohlgemeinter Rücksicht (weil wir uns ja so selten sehen) schlucken, so dass sie im Verborgenen ihre Eigendynamik entwickeln kann, die dann so schwer zu steuern ist.......

Mir wurde auch deutlich, wie zerbrechlich unsere Beziehung ist. Einmal durch die Angst vor Entdeckung auf Deiner Seite und die dadurch bedingte latente Kränkung auf meiner Seite. Dann aber auch durch die Tatsache, dass wir uns in absehbarer Zeit trennen müssen. In zwei Jahren werde ich sechzig, Du bist dann einundsiebzig. Irgendwann wird es zu gefährlich oder zu beschwerlich uns zu treffen.

Ich denke, das spielt auch im Untergrund mit, wenn wir in eine Krise geraten, wie jetzt. Lieber ein Ende mit Schrecken, als ein Schrecken ohne Ende. Ich habe auch Angst davor im Alter ganz allein zu sein. Wir dürfen das Thema nicht mehr fallen lassen, sonst holt es uns wieder ein. Wir müssen offen über unsere Ängste sprechen, auch wenn wir dem andern vermeintlich weh tun. Nicht darüber sprechen schmerzt vielmehr.

„Das Leben bringt viele Schmerzen mit sich, die sich
nicht vermeiden lassen.
Der einzige Schmerz, der sich vermeiden lässt,
ist der Schmerz, der entsteht,
wenn man versucht Schmerzen zu vermeiden.“

Trennung ist immer mit Schmerz verbunden, auch wenn wir die Entscheidung eines Tages bewusst und gemeinsam treffen. Schmerzlich wird es sein, wie auch immer wir uns trennen. Aber vielleicht können wie die Erinnerung aneinander vor einem unguten Gefühl bewahren, wenn wir die Verantwortung für die Trennung gemeinsam tragen. Ich habe ein Gedicht von der russischen Dichterin Anna Achmatova gefunden:

„Zu gleichen Teilen trag ich mit Dir
die schwarze Trennung auf Dauer.
Weshalb weinst Du? Gib mir lieber die Hand.
Versprich Deine Wiederkehr in einem Traum.
Du und ich sind ein Gebirg des Grams.
Du und ich werden uns nicht wiedersehn
in dieser Welt.
Wenn Du mir nur um Mitternacht einen Gruß
senden könntest durch die Sterne.“

Ich möchte Dich nicht verlieren, jetzt nicht! Ich möchte nicht, dass sich unsere Verbundenheit zu einer Telefon-Freundschaft verdünnt, jetzt noch nicht! Ich möchte spüren, dass Du mich als Frau begehrst. Ich möchte Dir zeigen, dass ich Dich als Mann begehre......“

Es gelang uns, unsere frierende und ängstliche Liebe wiederzubeleben, indem wir sie immer wieder mit dem Ende konfrontierten. Mitte Juni 96 verbrachten wir ein paar unvergessliche Tage in VALS. Wir wanderten in der Sonne durch ein Tal zu einem Stausee. Die Bäche und Wasserfälle schäumten vor Schmelzwasser, über die Felsen rieselte es, aus allen Poren drang der Bergfrühling.

Außer uns kein Mensch unterwegs. Die Alpenrosen strotzten über die Hänge. Der Kreis schloss sich: es war wieder wie zu Beginn unserer wundersamen Liebe: sie blüht immer wieder auf.

XXXX

Sechste Station: Am Meer in Slovenien

Slovenien zeigt sich zuerst hügelig, ähnlich wie das Burgenland, viele Kürbisse wachsen auch hier. Bald sind wir auf der Autobahn, die gut zu fahren ist, auch wenn es gebirgig und gewittrig wird. In Ankaran beziehen wir einen Campingplatz direkt am Meer. Parkähnlich mit großen alten Eichen. Wir stehen unter Tannen auf einem Nadelteppich. Um uns ein paar wilde Katzen aber auch ein paar Hunde der Dauercamper, obwohl Hunde eigentlich verboten sind. Winnie zieht es immer wieder zu den nachbarlichen Hütten, unter denen die Katzen hausen. Von hier können wir zum Sonnenuntergang im perlmutt-farbenem Meer spazieren. Von einem langen Steg geht es ins 24 Grad warme Wasser. Man darf nur nicht nach Osten Richtung Koper gucken, da stehen Industrieanlagen. Aber nichts im Vergleich zu dem, was wir am nächsten Tag sehen, als wir eine Velotour unternehmen, mit Blick immer wieder, zwischen Zypressen und Weinbergen hindurch, hinaus aufs weite Meer, entlang der Küste, über einen Bergrücken und über die Grenze nach Muggia, mit seinem kleinen, idyllischen Fischerhafen. Von Muggia aus sieht man über die Bucht auf Triest, wohin wir ursprünglich wollten. Rauchende Industriemoloche graue, rostbraune Riesengebilde, wirklich ein Alptraum! Wir beschließen in Muggia zu bleiben, schlendern am Hafen, den

179

Fischerbooten entlang, der bis in die Altstadt hinein zum Domo ragt, lassen uns von den Gassen, Plätzen, dem Markt verzaubern, essen draußen vor einem kleinen Lokal Sardinen und frittierte Calamari, so lecker, dass mir jetzt beim Schreiben wieder der Mund wässrig wird. Auf der Rückfahrt überrascht uns ein mächtiges Gewitter mit Donner, Blitz und Hagel. Wir passieren eben den Segelboothafen und finden in einer Hotelanlage Zuflucht und einen Cappuccino. Auf dem Campingplatz hat es kaum geregnet und wir finden Winnie friedlich im Auto, im Körbchen schlafend, vor. Hier hören wir auch von einer etwa 30 km entfernt liegenden ausgemalten, romanischen Kirche in einem kleinen Dorf Hrastovlje am Rande des Karstes. Über zum Teil sehr enge Straßen fahren wir am nächsten Tag dahin und sind bald total überwältigt. Die kleine Wallfahrtskirche steht auf einer Felsanhöhe oberhalb des Dorfes. Sie ist von einer hohen Festungsmauer umgeben aus der Zeit der türkischen Überfälle, so dass nur der Turm zu sehen ist. Das dreischiffige Kirchlein stammt aus dem Beginn des 12. Jh. und ist innen über und über mit Fresken bedeckt. Themen sind das alte und neue Testament von der Schöpfung der Welt bis zur Auferstehung Christi, Propheten und Heilige, im Gewölbe der mittleren Apsis thront die Dreifaltigkeit, die der Kirche den Namen gibt. Weiter ist die Arbeit der Bauern in den verschiedenen Jahreszeiten zu sehen und ein ganz überragender Totentanz: Alles geschaffen vor über fünfhundert Jahren zur Zeit der Pest. Und trotz der unglaublichen Vielfalt strahlt das Innere eine wunderbare Ruhe und Einheit aus. Wir lassen uns viel Zeit. Nur wenige Besucher kommen. Die Wächterin fragt nach der Nationalität und lässt ein entsprechendes Tonband laufen, wobei sie auf die gerade besprochenen Fresken mit einem Leuchtpfeil weist. Wir hören das Ganze erst in Deutsch, dann in Englisch und Französisch. Die Frau verkauft auch Wein aus der Gegend und rät uns zum Refosk. Später picknicken wir auf einer Anhöhe mit Blick auf die wehrhafte graue Kirche vor dem Hintergrund der grauen Karstanhöhe, über die von Zeit zu Zeit langsam und stetig aus dem Tal rote Züge hoch kriechen. Dazwischen absolute Mittagsstille, wir spüren den Atem der Gegend. Wir probieren vom Kirchenwein und beschließen noch ein paar Liter-Flaschen von dem köstlichen Refosk bei der freundlichen Wächterin zu kaufen. Nachts entladen sich wieder gewaltige Gewitter, Winnie kriecht zu uns ins Bett. Die Bora hat die Regie übernommen, am nächsten Tag ist es deutlich kälter, nur das Meer ist noch warm. Wir lesen über die bedeutenden Ausgrabungen in Aquileia und beschließen diesen Ort zu besuchen.

XXXX

Das Jahr 1997 beginnt mit klirrender Kälte. Auf 27 ° minus sinkt das Thermometer in der Neujahrsnacht. Sieben Jahre nach Achims Blindarmoperation am 27. Januar 1997 bin ich zu Klaus Schramms sechzigstem Geburtstag am Kapellenbusch in Liblar eingeladen. Achim studiert mittlerweile Informatik an der Fachhochschule Mannheim. Er wohnt in der quadrierten Innenstadt L 11 / 19/ 68161 Mannheim. Eine passende Adresse für einen Informatiker.

Davor hat er in Jülich Ingenieur für Maschinenbau und Umwelttechnologie studiert. Er hatte ein Zimmer in Jülich, das sich bald als feucht erwies, fühlte sich in dieser Stadt nicht besonders wohl. Der Hauptakzent lag auf Maschinenbau und er zweifelte bald, ob er das wirklich will. Er hat zwei Semester durchgehalten, auch sämtliche Klausuren

181

absolviert und schließlich beschlossen das Studienfach zu wechseln.

Meine Einbindung ins Schau-Fenster wird immer stärker. Als Klaus und Ingrid aus Anlass ihres 60 ten Geburtstags 1995 ein paar Tage in Wien waren, habe ich es übernommen eine Ausstellung zu eröffnen, mit allem, was dazu gehört, besprechen mit dem Künstler, entwerfen der Einladung, des Plakats, verschicken der Einladungen, hängen der Ausstellung, Rede schreiben, Rede halten. Halt alles, was wir drei schon seit geraumer Zeit zu dritt machen. Entsprechend intensiv war unsere Zusammenarbeit geworden. Ich fühlte mich schon fast zur Familie gehörend. Meine erste Lesung vor Publikum fand auch zu dieser Zeit statt: Erste Liebe von Turgenjew. Dazu der gleichnamige Holzschnittzyklus von Otto Graff an den Wänden. Ich begann damals auch wieder plastisch zu arbeiten. In Ton und Speckstein. Ingrid ermutigte mich dazu. Mir war auch klar geworden, dass ich neben der beruflichen Arbeit etwas brauche, womit ich mich auch nach der Rente beschäftigen kann. Etwas Handgreifliches. Der Hausausbau war ja schon weitgehend abgeschlossen. An der Volkshochschule belegte ich Kurse für Modellieren und Bildhauern.

Klaus bereitete Anfang 1997 außer anderem eine eigene Ausstellung in seiner Vaterstadt Amberg vor. Dazu sollte auch ein Katalog entstehen. Ingrid schrieb den Text. Da sie keinen Computer hat, habe ich mich anerboten den Text auf dem Computer zu setzen. Die Vernissage in Amberg soll am 20. März stattfinden. Kurz davor, am 16. März, ist eine Ausstellungseröffnung im Schau-Fenster. Klaus und Ingrid wollten da schon in Amberg sein. Ich übernehme es die Ausstellung zu eröffnen. Anfang März können Klaus und ich die Ausstellung einrichten, Ingrid schreibt, wie fast immer die Rede und übergibt sie mir.

Am siebten März fahre ich mit dem Auto nach Basel um Hans zu treffen. Er kommt mit dem Zug. Fast komme ich zu spät, denn wiedereinmal ist bei Walldorf und vor der Grenze ein Stau. Es ist ein strahlend schönes Frühlingswetter. Wir fahren aus der Stadt heraus Richtung Zürich. In einem ruhigen, schönen alten Fachwerkhotel in einer Parkanlage am Rheinufer habe ich ein Zimmer gebucht. Nach einem langen Rheinspaziergang in der milden Luft schmeckt uns das auf der Zunge zergehende Châteaubriand, das wir im Haus, im gemütlichen Restaurant bestellt haben. Wir sind die einzigen Gäste an diesen sonnigen Märztagen und genießen diese Privatheit.

Ich habe zu Hans' Siebzigstem einen grünen Stein in Form einer Muschelschale gearbeitet und mitgebracht. Er freut sich riesig. In der Nacht bekommt Hans plötzlich starke Schmerzen in der rechten Hüfte. Trotz starker Schmerzmittel kann er kaum schlafen. Am nächsten Tag fahren wir nach Rheinfelden. Wegen der Hüftbeschwerden können wir nur kurz spazieren gehen. Es ist Vorsaison und trotz Sonne wenig los. In einem Hotel am Rheinufer sitzen wir in einem langen, leeren Saal. Diesmal macht Hans die Leere zu schaffen. Die Schmerzen, und nicht zu wissen, wo ein offenes Lokal ist, lässt uns jedoch bleiben. Als wir die Plätze tauschen, ist es besser. Der Fisch ist gut, der Appetit gedämpft. Wir reden und reden. Die Vorstellung nicht mehr laufen zu können, unbeweglich zu werden, ist für ihn grauenhaft. Ich will es mir nicht mal vorstellen und denke an meine Mutter im Koma. Wir reden übers Alter, Altersweitblick oder Alterswahn, Tod, Weiterleben nach dem Tod, in welcher Art und Weise, vielleicht. Und dann wird es ganz konkret: Hans möchte nicht, dass meine Briefe und Fotos in seinem Nachlass auftauchen. Wir sprechen ganz offen vom schwer Krankwerden und auf Hilfe angewiesen sein. Er möchte die Briefe nicht vernichten, sondern sie mir im Lauf der nächsten Monate zurückschicken. Ich bin einverstanden. Wir sprechen nicht davon, dass wir uns nicht mehr sehen werden, aber wir ahnen beide, dass es möglicherweise so ist. Am Montagmorgen fahren wir, ich zum ersten Mal, durch den neuen Bözbergtunnel nach Zürich. Die Fahrt ist viel zu schnell zu Ende. Wir nehmen Abschied voneinander, und um halb eins liefere ich Hans in Egg auf der Forch in der Nähe seines Hauses ab. Hintenherum, am Greifensee entlang, fahre ich langsam in die Stadt zurück. Drei Störche als Frühlingsboten sehe ich am See stehen. Doch mir ist herbstlich, elend, winterlich zumute.

Tags darauf mache ich eine Nostalgietour durch meine sonnendurchschienene Stadt: durchs Oberdorf, verliebe mich in eine kleine weibliche, afrikanische Ahnenfigur, besuche meine heißgeliebte Hö-Tö, den sogenannten Affenkasten, den Friedhof Hohe Promenade, wo meine Mutter und Peter und auch Tante Maria liegen, treffe abends eine Klassenkameradin aus dem Affenkasten und fahre mit ihr nach Oerlikon, wo wir im Hallenstadion einen „Abend mit Franz Hohler" verbringen. Ich hatte von ihm gehört und gelesen, ihn jedoch noch nie auf der Bühne erlebt und war schon sehr beeindruckt. Hans hatte mir Weihnachten davor Franz Hohlers Kabarettbuch geschenkt mit der Widmung „Für meine geliebte Clelia, damit sie hin und wieder an ihre alte Heimat denkt."

Auf der Rückfahrt nach Erftstadt gehen mir wieder die Verse durch den Kopf „Sei allem Abschied voran, wie der Winter der eben geht"....: Noch immer strahlt die Sonne vom Himmel, und ich treffe Achim in Mannheim. Wir verbringen miteinander einen schönen, besinnlichen

Abend in den Rheinauen am Lido an der blauen Adria.
Von da bin ich in zwei Stunden zurück in Erftstadt. „Denn
unter Wintern ist einer so endlos Winter, dass
überwinternd, dein Herz überhaupt übersteht."

XXXX

Siebte Station: Aquileia und achte Station: Venedig

*Als wir von Arcahan in Slovenien aufbrechen, regnet es
immer noch. Auf der Autobahn lassen wir Triest links in
seinen Nebelschwaden liegen. Es sieht auch beim
Vorbeifahren so hässlich aus, wie wir es von Muggio aus
gesehen haben. Vielleicht besuchen wir es ein andermal.
In Duino fahren wir von der Autobahn ab. Doch der
Rilkeweg bei Regen reizt uns nicht. In Grado finden wir
gerade keinen Parkplatz, also fahren wir durch nach
Aquileia. Dort, heute ein kleines Dorf, erwartet uns ein an-
genehmer Campingplatz. „Camping ist, wenn man die zu-
nehmende Verwahrlosung als Erholung empfindet", lesen
wir auf einem Campcar und schmunzeln. Der Platz liegt
in der Nähe der Ausgrabungen und der eindrucksvollen,
früh-christlichen Basilika. In Aquileia soll um 381 das erste
große, christliche Konzil stattgefunden haben, und erste
kirchliche Richtlinien festgelegt worden sein. Aquileia war
eine wichtige römische Hafenstadt mit vielen palastartigen
Villen, Bädern und Tempeln. Die Ausgrabungen sind noch
lange nicht beendet. Es regnet nur noch leise vor sich hin,
es ist auch wieder wärmer als gestern. Winnie ist
inzwischen ein so gewiefter Reisekater, dass wir auch viel
gelassener damit umgehen, dass er an Bord ist. Er
erkundet erst die jeweils neue Umgebung, um sich dann
unter oder im Auto, oder neben uns ein Plätzchen zu*

185

suchen, wo er sich niederläßt. Wir stellen für ihn immer einen Stuhl hin. Wenn der Camper im Schatten steht, haben wir auch keine Bedenken mehr, ihn einen ganzen Tag allein im Auto zu lassen.

Die Basilika mit ihrem wunderbar erhaltenen, herrlichen Mosaikfußboden beeindruckt uns schon sehr. Frühchristliche Symbole erzählen, dass Christen vor dem Toleranzedikt von Mailand (Konstantin 313) verfolgt wurden, so dass sie sich untereinander mit Hilfe von Symbolen verständigten. So ist z.B. ICHTHYS (Fisch) das Kurzwort für Iesous Christos Theou Yios Soter (Jesus Christus, Gottes Sohn, Erlöser). Eine Schildkröte, die sich unter ihrem Panzer versteckt, symbolisiert Dunkelheit, Unwissenheit, der Gockel, der bei Tagesanbruch kräht, hingegen Licht und Erleuchtung. Auf Fresken kann man Jonas sehen, wie er vom Wal verschluckt wird, während die Fischerboote von Delphinen und Tintenfischen beäugt werden.

Am nächsten Morgen besuchen wir bei strahlendstem Wetter das Museo Archeologico mit weiteren Mosaikarbeiten und zahlreichen Funden aus dem 1. - 3. Jh.

Ursprünglich wollten wir, als südlichstem Punkt unserer Reise, zu den Mosaiken nach Ravenna. Doch die Sonne verführt uns zu fragen: Warum eigentlich nicht Venedig. Klaus war noch nie da und ich nur einen Tag. Wir finden in Punta Sabbioni einen Platz, der uns zusagt: Zwei große Pinien und zwei Laubbäume geben rundum Schatten, in 10 Minuten sind wir mit dem Fahrrad am Strand, in 5 Minuten am Schiff nach Venedig. Vom Camping aus kann man die Türme und Kuppeln der Stadt sehen. Abends färbt sich der Himmel über der weißen Kuppel von Santa Maria della Salute abricot: Die Sonne versinkt hinter der

Serenissima. Am Morgen des 23. Juni nähern wir uns der Durchlauchtigsten vom Wasser her. In vierzig Minuten stehen wir auf dem Markusplatz. Eine lange Warteschlange vor der Basilika San Marco hält uns von einem Besuch ab. Von außen stößt mich die Überfülle ab, dieser wirre Haufen von Stilen und Einflüssen. Lieber lassen wir uns treiben, saugen uns voll mit Einblicken in Gassen und Kanäle, reich geschmückte Gondeln, eine grandiose Kulisse zu einem irren Theater der Demonstration flüchtiger und verflossener Macht und Pracht. Die drei T: Tintoretto, Tiepolo, Tizian, die wir in dieser und jener Kirche, in der Academia, in der Scuola Grande di San Rocco sehen, beeindrucken uns. Am nächsten Tag besuchen wir die Sammlung Peggy Guggenheim im Palazzo Nonfinito und finden stille Orte, ruhige Plätze und Kanäle, wo auch Bewohner der Stadt anzutreffen sind. Für Behinderte und alte Menschen ist die Stadt ein Alptraum. Nur wenige Rampen führen über die hohen Brücken! Mühsam ist es mit Rollstuhl und Krücken voran zu kommen! Eine tolle Ausstellung mit der Luise Bourgois finden wir in einem umgebauten Lagerhaus. Am dritten Tag - sciopero: die Schiffe nach Venedig streiken - fahren wir nach Burano und Torcello mit dem ältesten Bauwerk der Lagune: Santa Maria dell Assunta. 639 gegründet, enthält sie u.a. herrliche Mosaike vom jüngsten Gericht, welche die ganze Westwand bedecken. Vor dem Aufstieg Venedigs wohnten hier 20000 Men-schen. Heute verlassen, sondert Torcello, selbst bei strah-lendem Sonnenschein, Sumpffeuchte und Todesnähe ab. In Burano dagegen ist es lebendig und bunt. Die in vielen Farben gestrichenen Fassaden spiegeln sich in den Kanälen. Die frittierten Tintenfische schmecken viel besser als in Venedig. Am 26. Juni schippern wir ganz früh nach

Venedig rein, um unsere Dreitageskarte voll auszunutzen. Noch sind nicht viele Touris unterwegs. Wir fahren den Canal Grande rauf und runter und fotografieren wie bekloppt. Es ist unser letzter Tag in Venedig, denn wir befürchten bei dem schönen Wetter fürs Wochenende einen grausamen Ansturm auf das Meer. Jeden Abend sind wir noch schnell mit dem Rad zum feinen Sandstrand gefahren, haben gebadet, uns von Wind und Sonne trocknen lassen, haben die Riesenpötte an uns vorbeiziehen und den Abendhimmel aufziehen sehen: Es war schön hier. Wenn wir können, werden wir wieder kommen.

XXXX

Kaum zu Hause nach der Reise in die alte Heimat, versinke ich in einem Strudel der Ereignisse. Wie besprochen, eröffne ich die Ausstellung am Sonntag und höre, dass Klaus und Ingrid noch nicht weggefahren sind. Nach der Vernissage fahre ich an den Kapellenbusch 24 um den beiden zu berichten. Sie sitzen am Tisch in der Diele und spielen Domino. Ingrid fühlt sich nicht so wohl. Ich erzähle von der Eröffnung, meiner Reise, und ganz enthusiastisch planen wir gemeinsame, weitere Aktivitäten. Eine gemeinsame Lesung von Ingrid und mir im Mai. Am nächsten Wochenende wollen die beiden zurück sein. Ingrid hat am 18. März Geburtstag. Ich rufe am Wochenende an. Niemand zuhause. Ich habe ein Buch für sie, möchte es vorbeibringen. Täglich rufe ich die Nummer 2412 an. Nichts. Nach ein paar Tagen höre ich von einem Schau-Fenster-Mitglied, dass Ingrid in Nürnberg im Krankenhaus liege mit einer Lungenentzündung. Ich schreibe ihr einen Geburtstagsbrief. Am 1. April schreibt Klaus mir einen Brief und bittet mich die nächste

188

Ausstellung im Mai vorzubereiten, Einladungen, Plakate, alles. Es wird dauern, bis sie zurückkommen. Ingrid geht es gar nicht gut. Mich packt die Angst, es darf nicht sein, wir haben doch noch so viel miteinander vor. Durch die berufliche Arbeit habe ich nicht so viel Zeit mich einzubringen, wie ich möchte. Doch mit Ingrid würde ich gern noch einiges auf die Beine stellen. Karfreitag höre ich, dass sie auf die Intensivstation kommt und beatmet wird. Am Ostersonntag wird sie in ein künstliches Koma versetzt. Bilder meiner Mutter im neunmonatigen Koma steigen auf.

Achim ist über Ostern zu Hause und wir arbeiten beide weiter am Dachausbau. Wir streichen, schleifen, kleben, tapezieren im Dach. Klaus ruft an, dass es ganz schlimm um Ingrid steht. Mir dringt jetzt besonders ins Bewusstsein, was mir Ingrid bedeutet. Mit ihrer herben Ehrlichkeit, ihrem unbestechlichen Blick. Der Gedanke sie jetzt vielleicht zu verlieren, schnürt mir den Hals zu. Zwei Tage darauf, ruft der Kölner Stadtanzeiger an, dass Otto Graff, ein Mitglied unseres Vereins, verschieden ist und will vom Schau-Fenster Künstlerforum Erftstadt e.V. eine Stellungnahme. Ich rufe Klaus an, wir basteln die gewünschte Würdigung. Klaus schöpft wieder Hoffnung: Vielleicht hilft das künstliche Koma, in das Ingrid versetzt worden ist, doch. An meinen drei Arbeitsstellen geht es hektisch zu. Ich fange an nur noch zu funktionieren. An der Beerdigung von Otto Graff vertrete ich das Schau-Fenster. Am 10. April abends nach der Arbeit höre ich meinen Anrufbeantworter ab und erfahre, dass Ingrid am 9. April um 18 Uhr verstorben sei. Ich bin allein zu Hause. Achim ist längst wieder zurück in Mannheim. All die Tränen, die ich nach dem Tod meiner Mutter nicht geweint habe, steigen hoch. Ich fühle mich hundeelend. Am nächsten Tag versuche ich Klaus zu erreichen. Er ruft mich an. Ist wie versteinert. Ich schreibe ihm noch am gleichen Abend einen Brief. Sage ihm, was mir die Freundschaft mit Ingrid bedeutet hat, unsere Freundschaft zu dritt, biete ihm meine Hilfe an, bei allem, was jetzt ansteht. Am 15. April ist Klaus zurück und wir stürzen uns in die Arbeit. Ich habe zum Glück vom Vorjahr noch Resturlaub, den ich bis Ende April antreten muss. Die Beerdigung soll ein Fest werden. In Nürnberg haben Klaus und der Sohn von Ingrid zwei Straßenmusiker engagiert, im Raum des Schau-Fensters installieren wir während der Beerdigung eine Ausstellung mit Werken von Ingrid, die dann schnellstens wieder abgebaut werden muss, weil am nächsten Tag die Thema-Ausstellung der Mitglieder (Format 80 x 60) eröffnet wird, bei der ich die Rede halten soll, die ich zwischendurch schreibe. Bei der Beerdigung vertrete ich den Verein, der von seiner Vorsitzenden Abschied nimmt und halte auch eine kurze Rede. Lauter Dinge, vor denen ich mich drücke, wenn es irgend wie geht. Zwischendurch fühle ich mich immer wieder mutterseelenallein, im Stich gelassen. Mit Hans habe ich nur noch indirekt Kontakt über den Anrufbeantworter. Er hat auch viel zu tun mit der Premiere seines Stücks im Hechtplatz-Theater. In diesen Tagen höre ich auch, dass Klaus wohl jetzt, nach Ingrids Tod, wieder nach Bayern zurückkehren wird. Das versetzt mir einen merkwürdigen Stich. Nach der Beerdigung sitzen alle Beteiligten am Kapellenbusch noch zusammen. Klaus drei Söhne und die Tochter und deren Freunde, die alle in Bayern wohnen, sind auch mit dabei. Plötzlich klingelt es an der Tür: Interessenten für das Haus stehen davor: Sie hätten gehört, dass der Bungalow frei werde. Wir sind zunächst sprachlos, dann empört. Wieder versetzt mir das einen seltsamen Stich: Sollte es also doch stimmen, Klaus geht zurück? Was wird dann aus dem Schau-Fenster? Ich bin ziemlich beunruhigt. Dann hören wir, dass Edgar Moron, ein SPD-Genosse von Klaus, das Gerücht in die Welt gesetzt habe, dass Klaus fort ziehe. Das Haus gehört Ingrids Sohn und Tochter. Sie hat es ihren Kindern überschrieben, um es aus der Scheidungsgeschichte zu retten. Ingrid hat jedoch in ihrem Testament Klaus das Wohnrecht in dem Fertighaus eingeräumt, wo er schon 14 Jahre wohnt. Ingrids Kinder sind offenbar froh, dass er da wohnen bleibt. So fängt er denn auch bald an, die Wohnung umzustellen. Bis jetzt hat er im Keller gemalt, jetzt möchte er das Wohnzimmer als Atelier einrichten. Mitte Mai kommen seine Söhne und mit vereinten Kräften wird der große Raum leergeräumt, der Parkettboden mit Folie abgedeckt. Anschließend kochen und feiern wir. Wieder klingelt es, ein junges Paar steht davor, möchte das Haus besichtigen, sie halten das Räumen für einen Umzug. Diesmal wird klar gestellt: Das Haus wird weder geleert, noch vermietet, noch verkauft, noch sonst was. Neben meiner beruflichen Arbeit ist im Verein viel zu tun bei 12 Veranstaltungen im Jahr. Seit vier Jahren habe ich zunehmend mehr übernommen. Mit Klaus habe ich schon zahlreiche Ausstellungen eingerichtet. Wir können gut zusammen arbeiten. So ist es selbstverständlich, dass ich in die Lücke springe. Die nächsten Wochen vergehen wie in Trance.

Klaus möchte, dass ich die Leitung des Vereins übernehme. Warum nicht er? Er stehe lieber im Hintergrund. Ich auch. Dann möchte ich verreisen können, wann ich will. Doch vorerst können wir die Entscheidung vor uns herschieben, bis zur nächsten Jahresversammlung im nächsten Jahr. Ende Mai wird die nächste Ausstellung eröffnet, ich schreibe und halte die Rede. Klaus ist in

Bayern. Ende Juni kommt ein großer, dicker Briefumschlag aus Zürich. Obwohl ich weiß, dass Hans vorhat, meine Briefe zurück zu schicken, obwohl ich das auch richtig finde, trifft es mich, bin ich ziemlich fertig. Es ist so endgültig. Nach der Eröffnung der nächsten Ausstellung, dem Kunst-Sommerfest des Schau-Fenster, fragt mich Klaus, ob ich Lust habe, ihn nach Kassel zur Dokumenta zu begleiten. Ich habe Lust. Es werden nie vergessene Tage. Wir entdecken ganz viele Gemeinsamkeiten. Außer über Kunst haben wir uns bis jetzt noch wenig über Persönliches ausgetauscht. Wir amüsieren uns darüber, dass wir anfangs beide voneinander nicht viel hielten. So fand er, ich sei eine etwas abgehobene Psychotante mit Medealook und Eigenschaften. Also zum Fürchten. Von mir hört er, dass Ingrid mir leid tat, mit so einem Muffel verheiratet zu sein. Wir fühlen uns beide im Rheinland etwas wie im Exil, sind trotzdem ganz gerne hier, außer zur Karnevalszeit. Er entdeckt, dass ich beim Zelten flexibel und unkompliziert bin. Ich entdecke, dass er ein ähnlich lockeres Verhältnis zur Ordnung hat wie ich, und überhaupt nicht zwanghaft ist. Klaus besitzt und schätzt dieselben Gedichtbände wie ich, hört weitgehend dieselbe Musik. Dass wir in der bildenden Kunst in Vielem übereinstimmen, hatten wir schon beim gemeinsamen Installieren von Ausstellungen entdeckt: Beim Gang durch die Dokumenta gefallen und missfallen uns dieselben Dinge.

Am 6. Juli fahren wir zurück und ich entscheide mich mit sechzig, Anfang März nächsten Jahres, in Rente zu gehen. Ende Juli bin ich vierzehn Tage in Trier an der Europäischen Kunstakademie. Ich habe mich bei Peter Rübsam, einem Bildhauer angemeldet und möchte lernen einen größeren Stein mit dem Meißel zu bearbeiten. Ich hatte eine kleine, sich ganz eng Zusammenkauernde modelliert, die ihr Gesicht hinter den Knien birgt und ihre Beine mit den Armen umschließt. Die möchte ich in Sandstein, der uns in Trier zur Verfügung steht, umsetzen. Aus einem unförmigen Steinbrocken eine Figur herauszulösen, fasziniert mich total. Zuerst beherrscht mich die Angst etwas weg zu hauen, was wesentlich zur Figur gehört, und damit alles zu verderben. Doch von einem bestimmten Stadium an, sehe ich die Figur und kann es kaum erwarten, sie aus dem Stein zu erlösen. Gleichzeitig ist es auch ein meditatives Arbeiten, du bist ganz allein mit dem Stein und du vergisst den Rest der Welt. Ich versuch mich dann noch an einer zweiten Figur, einem Torso, der sich ganz öffnet und die Arme emporstreckt. Während ich in Trier bin, ist Klaus wieder in Bayern an der Hochzeit seiner Tochter Susanne mit Wolfgang dem Saxophonspieler, der schon öfter bei Ausstellungseröffnungen von Klaus gespielt hat. Als wir dann beide wieder zurück sind, registrieren wir, dass es Leute gibt, die sich um Dinge kümmern, die sie eigentlich nichts angehen. Das gipfelt dann in dem Gerücht: Wir hätten schon zu Ingrids Lebzeiten ein Verhältnis miteinander gehabt. Ganz empört hat ein aufrichtiges Vereinsmitglied Klaus zur Rede gestellt: Das habe sie nun wirklich sehr geschockt. Angewidert von Erftstadts Gerüchteküche, verziehen Klaus und ich uns im September erst mal ins Bergell nach Vicosoprano. Am 20ten fahre ich allein nach Zürich, wo sich meine Gymiklasse aus dem Affenkasten zu „40 Jahre Matur“ im Affenhaus des Zürcher Zoos trifft. Zurück im Bergell, finde ich Klaus im Museum in Stampa. In den zwölf strahlendblauen Tagen zeige ich Klaus einige mir wichtige Wege und Plätze, und wir begründen das Ritual: Alberto Giacometti einen Feldblumenstrauß auf sein Grab in Borgonovo zu legen.

XXXX

193

Neunte Station: Müstair im Val Müstair

Schon um 9 Uhr früh ist es richtig heiß und schwül. Eine nichtendenwollende Autoschlange begegnet uns: Alle drängen sie ans Mare. Auf über 20 km staut sich der Gegenverkehr. Wir dagegen kommen gut voran. Wir wollen den Gardasee vermeiden und fahren an Vincenza vorbei Richtung Norden. Irgendwo hört die Autobahn auf, und wir schlagen uns über zum Teil enge kurvenreiche, passartige Nebenstraßen Richtung Trento. Gleich wird die Luft besser. Von Trento bis Meran ist es dann wieder nur glühend und schwül. Zum Glück haben wir eine Klimaanlage im Auto. Im Vinschgau kommen uns vom Stilfser Joch endlose Motorradkolonnen entgegen. Aber auch ein uralter Topolino, wie ich ihn einst, als mein erstes Auto erbte, nachdem mein Vater damit nicht mehr auf Praxistour fuhr, weil er sich wegen seiner Arthrose nicht mehr so klein zusammenfalten konnte. An einer Obstbude steht ein altes, kleines Schweizer Postauto, das sich zwei Zürcher zum Campingbus umgebaut haben. Wir halten, bewundern und kaufen Wurst, Speck, Käse und Wein. Von Schluderns an befahren wir über Glurns (ein sehr schöner Ort) eine für uns ganz neue Strecke und Grenze, das untere Val Müstair, bis wir in Müstair und auf unserem Campingplatz landen, von dem aus wir vor Jahren über Umbrail und Stilfser Joch auf eine große Italienreise gestartet waren. Und wieder habe ich das Gefühl nach Hause zu kommen und zieh in vollen Zügen die unvergleichliche Luft ein. Der Bach, der bald in die Etsch und dann bei Chióggia ins Mittelmeer fließt, rauscht, die Vögel tirilieren. Es riecht intensiv nach Heu. Erholung pur nach dem heißen venetianischen Theater. Kater Winnie läuft auch sichtlich erfrischt durch das saftige grüne Gras. Die letzten Tage fraß er wenig und fuhr sich dann mit der Pfote heftig an den Lefzen entlang: ein Zeichen, dass sein Geschwür ihm wieder zu schaffen macht. Es sind auch bald vier Wochen her, dass er eine Cortisonspritze erhielt. Am nächsten strahlend blauen Morgen sind wir früh in der Klosterkirche und bewundern einmal mehr das UNESCO-Kulturerbe: Die karolingischen und romanischen Fresken. Sie bilden den größten erhaltenen Freskenzyklus des frühen Mittelalters. Noch sind die Busse nicht da, so dass wir uns in aller Ruhe umsehen können. Hinter der Passhöhe des Ofenpasses halten wir in Il Fuorn, dem alten Hotel, in dem ich mit Bruder und Mutter im Krieg ein paarmal war. Wir trinken einen Café auf der Terrasse, und aus dem Bach, dem Ova dal Fuorn, fische ich einen sehr schönen schwarzweißen Stein. Am Inn oberhalb von Zernez wird die Straße von Betonmischern blockiert, so dass ich Zeit habe, in den jungen, schäumenden Inn zu träumen und ihm eine gute Reise bis zu seiner Mündung in Passau zu wünschen und zu danken, dass wir heil ins Engadin gekommen sind. Bei Aldi in Samedan kaufen wir Wein (Ostschweizer und Walliser) und Hähnchen und Gemüse und Salat für ein paar Tage ein und machen uns auf den Weg nach Maloja.

XXXX

Als wir wieder zurück in Erftstadt sind, jagt ein Termin den anderen, eine Ausstellung die andere. Wir fahren zu einer Ausstellungsbeteiligung von Klaus nach Göppingen, von da weiter nach Nürnberg, wo ich weitere Mitglieder der großen Klausfamilie und Freunde kennenlerne. Auf der Arbeit bereite ich meinen Abflug vor, schließe einige schon länger dauernde Therapien ab, bin dabei beim Ausleseprozess meiner Nachfolgerin. Im Dezember stellen wir im Schau-Fenster einen international bekannten, hochinteressanten, politisch brisanten Künstler aus: Blalla W. Hallmann. Insgesamt hat der Verein 1997 elf Ausstellungen gestemmt und drei Fahrradtouren zur Kunst organisiert.

Meinen 60ten Geburtstag möchte ich allein mit Klaus im Engadin/Bergell verbringen am liebsten skifahrend. Am 4. Februar findet ein großes Familientreffen in Zürich mit Peter, Andreas und Regula Christina statt: Klaus wird mit Raclette feierlich in den Clan aufgenommen. Im Engadin empfängt uns wieder Sonne pur am enzianblauen Himmel und feinster Pulverschnee und so bleibt es zehn Tage lang. Der rote Abendhimmel färbt die grauen Felswände, dann kommt noch der Vollmond dazu: es ist kaum auszuhalten. Im Val Roseg leuchten die Berge auch noch nach Sonnenuntergang gegen den bestirnten Himmel. Aldo Petti serviert das köstlichste Geburtstagsessen meines Lebens: Carpaccio vom Hirsch - seine selbstgemachten Salbei-Ravioli - Gemsragout mit Kastanien, Rotkohl, Nudeln, Preiselbirne – Fruchtsalat. Klaus ist entzückt: Zweimal Teigwaren! Freilich sehr üppig, doch da ich den halben Tag auf den Skiern stand, superlecker! Jeden zweiten Tag genieße ich die Abfahrten von Furtschellas/Corvatsch nach Sils hinunter, genieße doppelt und dreifach, denn es ist das letzte Mal, dass ich auf den Skiern stehe. Klaus hat panische Angst, dass mir etwas passieren könnte. Der Verzicht fiel und fällt mir immer noch nicht leicht, ich tröste mich, dass ich damit auch etwas für die Umwelt tue. Klaus verdient den Verzicht, denn er verwöhnt mich, wie ich noch nie verwöhnt worden bin. Das Bein gebrochen habe ich dann viel später auf einem gemeinsamen Spaziergang an einer Kreuzwegstation in der Eifel, als ich auf einem Tannenzapfen ausrutschte.

Am 26. Februar ist mein letzter Arbeitstag. Es gab schon davor ein Abschiedsessen mit Rede und allem PIPAPO, das ich gut überstanden habe. Doch jetzt, als es wirklich ernst wird, nachdem die letzten Klienten verabschiedet worden sind, ich die letzte Teamsitzung hinter mich gebracht habe, der letzte Artikel für den Jahresbericht abgegeben, ein großer Blumenstrauß vom Vorstand aus Wuppertal überreicht worden ist, ich mich von meiner Assistentin verabschiedet, die Schlüssel ausgehändigt habe, packt es mich doch ganz gehörig. Zwanzig Jahre bei dem gleichen Haufen, ist eine lange Zeit. Zwar habe ich noch meine Honorartätigkeit beim Paritätischen in Frechen, wo ich weiterhin auch Ferienvertretungen machen werde. Aber die Stelle, an der eben doch ein Stück Herz hing, war schon die Pro Familia. Was meinen Entschluss in Rente zu gehen jedoch beschleunigt hat: Pro Familia hat vor, auch bei der psychologischen Beratung eine standardisierte Qualitätskontrolle einzuführen, was in meinen Augen purer Unsinn ist, denn eine längerfristige Beratung ist ein Prozess, der sich nicht standardisieren lässt. Eine solche Qualitätskontrolle existiert bei der sozialen Beratung schon seit längerem. Ich stehe also da mit einem lachenden und einem weinenden Auge.

Eine Woche später ruft Hans aus einem Krankenhaus in Zürich an, dass er an der Wirbelsäule operiert werde. Ich hatte ihm von meiner noch jungen Partnerschaft geschrieben, und es war unser gemeinsamer Wunsch weiterhin voneinander zu hören. Als ich dann nach ein paar Tagen vernehme, dass alles gut gelaufen ist, bin ich schon sehr erleichtert. Im Gegensatz dazu bleibe ich fast emotionslos, als ich, auch am Telefon, erfahre, dass Herr Jachmann, dessen Name ich ja noch immer trage, im Krankenhaus verstorben sei und auf einem Kölner Friedhof anonym beerdigt werde.

Inzwischen bin ich doch Vorsitzende in unserem Verein geworden, und es gibt viel zu tun. Im März noch fahren wir nach Spanien zur Tochter von Ingrid Wiesselmann, um ein paar Bilder abzuholen, denn im April wollen wir im Stadthaus Erftstadt eine Gedenkausstellung für Ingrid machen. Drei weitere Ausstellungen haben wir in diesem Jahr bereits installiert, sechs werden noch folgen. Zudem hat Klaus im Mai eine Ausstellung in Jelenia Gora, der Partnerstadt von Erftstadt. Also fahren wir nach Polen, auf dem Rückweg besuchen wir Prag und einen Monat später holen wir die Bilder in Polen wieder ab. Im August starten wir in die sechswöchigen Sommerferien: Zuerst nach Zürich, wo Georg seinen 70ten Geburtstag und das Ende seines Arbeitslebens feiert, danach mit dem Zelt ans Mittelmeer nach Ligurien, Südfrankreich, hierauf am Rande der Pyrenäen nach Nordspanien und als es da zu kalt wird, ja sogar schneit, wieder nach dem Süden, aufwärmen am Meer in Peniscola und quer durch Frankreich zurück, immer auf der Jagd nach romanischen Fresken und Skulpturen, unserem Steckenpferd.

XXXX

Zehnte Station: Maloja

Wieder auf unserem Lieblingszeltplatz am Silsersee. Wir landen ganz oben links neben dem munter sprudelnden Bach, der den ganzen Zeltplatz durchperlt und in einer kleinen Bade-Bucht in den See mündet. Vor uns der Piz Lagrev, der Piz Lunghin lugt links von uns durch zwei

Lärchen hindurch. Auch er geschmückt mit vielen grafisch schönen Schneefiguren, Flecken, Bändern. Vor einer Woche noch lag hier unten Schnee, hören wir. Mächtige Sauerampferbüsche stehen um uns herum. Weiter oben Spitzwegerich, Frauenmantel und der giftige Eisenhut. Wir fahren die Markise aus, stellen Tisch und Stühle auf. Winnie wälzt sich genussvoll im Gras. Allerdings frisst er kaum mehr. Jammert, wenn er nur etwas Milch schlabbert und fährt sich mit der Pfote über die Lefzen. Es wird Zeit, dass er wieder eine Cortison-Spritze bekommt. Wir haben beim hiesigen Tierarzt einen Termin gemacht. Wieder dreht sich alles um den Kater. Ich komme kaum dazu an meinem Text zu schreiben. Die Sorge um ihn, die gegenseitige Bindung hat sich auf dieser Reise verstärkt. Wie kann ich erkennen, spüren, wann es Zeit ist, von ihm Abschied zu nehmen? Wann ist das Ganze nur noch eine Quälerei? Klaus überlässt mir allein die Entscheidung. Ich tue mich schwer damit. Kann ich es nicht mehr mitansehen oder ist es eine Erlösung für den Kater? Ich hoffe, dass ich es dann plötzlich weiß. Ich sehe nach ihm. Er hockt geduckt, gespannt vor einem Sauerampferbusch. Mit der Leine hat er noch etwas Spielraum. Tatsächlich: Er lauert. Ich rufe: „Hey Winnie!" Er bewegt noch nicht einmal die Ohren. Er starrt in den Busch. Klaus ist mit dem Fahrrad nach Maloja. Wollte eine NZZ kaufen, auch wegen des Wetters. Ich blättere in einem Buch, beobachte den Kater. Er rückt ganz vorsichtig noch etwas näher an den Busch ran, erstarrt wieder. Nach etwa zehn weiteren Lauerminuten ein gezielter, kraftvoller Sprung in den Busch und schon hat er eine Maus gepackt. Und nun beginnt das erbarmungslose Katz-und-Mausspiel. Er lässt sie los, schaut scheinbar unbeteiligt in die Gegend, putzt sich ein bisschen, es raschelt im Gas, zack hat er sie wieder in den Fängen. Toll, dass ihm das sogar an der Leine gelungen ist, finde ich, und verschwende keinen Gedanken an die arme Maus. Es ist offensichtlich noch nicht die Stunde, sich von ihm zu verabschieden.

Am nächsten Tag - es ist der 30. Zercladur (Rätoromanisch für Juni) - haben wir gegen 5 den Tierarzttermin in Sils. Da wir ohnehin mit dem Auto unterwegs sein müssen, nutzen wir die Gelegenheit und fahren ins Bergell hinunter. Unterwegs pflücken wir den Blumenstrauß für Giacomettis Grab, halten an dem kleinen Kirchhof von Borgonovo, von dem man weit ins Tal bis nach Italien sieht. In Vicosoprano ist Aldo Petti leider nicht anzutreffen. Wir wollten bei ihm essen und über eine Ausstellung von Klaus Piz Lagrev-Bildern sprechen. So picknicken wir etwas weiter oben am Fluss, wo ich schon viele Kiesel herausgeholt habe. Doch die Orlegna führt zu viel Wasser. Die Hitze treibt uns wieder nach oben auf die Seenplatte. Es ist unglaublich, was 800m Meter Höhenunterschied ausmachen, auch was die Vegetation angeht. Morgen wollen wir noch höher bis zur Schneegrenze und schauen was da blüht. Der Tierarzt bestätigt die Unheilbarkeit von Winnies Geschwür. Doch die Cortisonspritze wirkt Wunder: Am nächsten Morgen frisst er wieder und kommt mit auf einen längeren Spaziergang im Wald. Später machen wir uns auf, mit den Rädern, ins Val Fedoz, d.h. Klaus fährt stolz auf seinem Elektrorad an mir vorbei, ich schiebe. In ein paar Tagen werden hier wieder die Kühe hoch-wandern, mit ihrem synfonischen Geläute und wir werden Abschiednehmen vom Engadin. Die Räder lassen wir an der Alphütte stehen und gehen zu Fuß weiter. Die Blumen-und Farbenvielfalt, die uns hier erwartet, ist überwältigend. Alpenrosen und Enzian ist klar. Die rostroten, schwarzen und weißen Steinbrocken am Wegesrand sind gepolstert *mit grünroten und grünweißen Blumenkissen. Daneben entdecken wir auf den Felsen Flechten in gelb, orange, rostrot, braun, grün und schwarz. Blaue und gelbe Veilchen und kleine Margeriten zittern im Wind. Auf dem Weg, überall rinnt und quillt Wasser. Wir kommen an ein Schneefeld. Die schneefreien Stellen sind mit Krokussen und zartlila Soldanellen überzogen. Die Wasser sammeln sich in der Talsohle zum silberhellen Bach, der durch Kiesbetten sprudelt, umsäumt von Weidenkätzchen, Woll- und Sumpfgras. Dazwischen immer wieder blaue Flockenblumen, Skabiosen, rote und weiße Orchideen, Arnika. In dieser einsamen Idylle hören wir plötzlich ein Knattern, ein Rattern, das immer lauter wird. Auf dem holperigen Pfad kommt auf uns zu gescheppert ein Motocross-Fahrer in voller Montur. Rasch bringen wir uns in Sicherheit, damit der Idiot uns nicht vollspritzt und schon ist er vorbei und der monströse Krach ebbt ab. Wir fassen es nicht!!*

XXXX

Gegen Ende des Jahres 98 trifft es unseren Verein hart. Zuerst wird eine dreifache Mieterhöhung beschlossen, die durch eine Erhöhung des Zuschusses für 1999 durch den Kulturausschuss der Stadt eben noch aufgefangen werden könnte. Doch dann wird das Schau-Fenster-Ladenlokal verkauft, und der neue Eigentümer fordert nochmal das Doppelte für den winzigen Raum und lässt sich davon nicht abbringen. Das bedeutet das „AUS" für die kleine Galerie. Der bereits beschlossene Ausstellungsplan für 99 kann so nicht realisiert werden. Es gibt leider Mitglieder, die uns in den Rücken fallen, Klaus einen autoritären Stil vorwerfen, aber auch nicht bereit sind, selber was zu tun. Nach weiteren Verhandlungen finden sich bezahlbare

201

Räume im ersten Stock des gleichen Gebäudes und so können wir am 7. Februar, meinem Geburtstag, doch noch eine Ausstellung eröffnen. Weitere sieben Ausstellungen folgen, bis uns zum Ende des Jahres wieder gekündigt wird und wir wieder nach neuen Räumen suchen müssen. Da der interne Ärger anhält, schlage ich Klaus vor, eine neue Vorsitzende und fürs Schau-Fenster eine abgespeckte Form zu suchen. Auch damit wir für unsere Dinge etwas mehr Zeit haben.

Doch es gibt noch andere, erfreulichere Ereignisse in diesem letzten Jahr des zweiten Milleniums. Am 3. März gebe ich im Standesamt alle Papiere ab, die für ein Ehefähigkeitszeugnis notwendig sind. Diese werden zum Standesamt nach Zürich geschickt. Klaus und ich haben uns entschlossen zu heiraten. Mitte März bringen wir Achim nach Regensburg, wo er bei Amazon ein Praktikum beginnt, um es dann ab April in Seattle USA bis zum Herbst fortzusetzen. Am 7. Juni melden wir uns im alten Rathaus in Lechenich an zur Eheschließung. Am 6. Juli heiraten wir ohne Trauzeugen und ohne gemeinsamen Familiennamen. Ich befreie meinen Namen von dem Jachmann, heiße jetzt nur noch Meyer. Danach verschicken wir Heiratsanzeigen, in denen wir verkünden, dass sich unser Hausstand weiterhin auf zwei Adressen verteilt. Nur das Rilke Gedicht und ein Foto verrät, dass wir doch etwas mehr als nur einen Verwaltungsakt hinter uns gebracht haben.

Immer wieder, ob wir der Liebe Landschaft
auch kennen.......
immer wieder gehen wir zu zweien hinaus
unter die alten Bäume, lagern uns immer wieder
zwischen die Blumen, gegenüber dem Himmel.

XXXX

Elfte und zwölfte Station: Zürich und Gräfenberg

Diesmal fahren wir nicht über den Julier auf die Alpennordseite, sondern über den wildromantischen Albulapass. Das superschöne Wetter verführt zu Umwegen. In Bergün begeistert uns die von außen unscheinbare Kirche, die im Innern eine aufwendig gestaltete Flachdecke, ähnlich der von San Gian in Celerina und eindrucksvolle Wandmalereien aus dem 15. Jh. aufweist. Das Dorf ist wie ein letzter Gruß aus dem Engadin. Die Bergüner waren offensichtlich stark nach Süden und nicht nach Norden ausgerichtet gewesen. Unten im Tal nehmen wir die schmale Straße, die über Schmitten nach meinem Kinderort Frauenkirch mit seinem heimeligen Kirchlein und nach Davos führt. Im Kirchnermuseum finde ich die Abbildung Frauenkirch im Winter mit Kirchlein und Hotel, in dem wir immer gewohnt haben und dem Schuppen, wo wir die Skier gewachst haben. Ich bin ganz happy, denn dieses Bild hatte ich vor einem Jahr mit meinem blauen Kalender verloren. Weiter geht es durchs Prättigau nach Küblis, wo jeweilen die rasante Skifahrt vom Weißfluhjoch endete. Hier wird es richtig heiß, so dass wir uns nach einer Abkühlung im Zürisee sehnen. Wir fahren über Jona am rechten Seeufer, der Goldküste entlang. Hinter Meilen finden wir eine Badewiese mit Parkplatz und ein erfrischendes Bad in dem für mich Schönsten aller Seen. Im Garten unter der Magnolie an der Rötelstraße erwartet uns ein leckeres Linsengericht in lauem Lindenduft und gemütliches Erzählen mit Vreni und Georg. Nachts werden wir wach durch kräftiges Fauchen und Knurren von Winnie. Er war schon draußen im Garten auffallend

203

unruhig gewesen. Da liegt doch tatsächlich ein dicker roter Kater auf der Windschutzscheibe am Rande der steil abfallenden Motorhaube. Am nächsten Morgen bleibe ich unter der Magnolie sitzen und schreibe, während Klaus mit dem Rad in die Stadt fährt und eine Kokoschka Ausstellung besucht. Wir verabreden uns am Platzspitz, am Zusammenfluss von Sihl und Limmat, dem Lieblingsort von James Joyce, um uns noch etwas in der Limmat treiben zu lassen. Wir sind die Ältesten unter all dem jungen Volk, aber keinen stört es. Abends machen wir dann einen Salat, Vreni steuert Bündnerfleisch und andere Köstlichkeiten bei. Wieder nimmt uns die Magnolie an dem linden Abend unter ihre Fittiche. Winnie hält die Stellung, der rote Kater zeigt sich nicht mehr, die Zeit vergeht im Fluge und eigentlich wäre die Reise hier zu Ende, wenn nicht Klaus' Schwester Bärbel ihren 60 ten Geburtstag zusammen mit dem alljährlichen Schrammkindertreffen feiern würde. Also tuckern wir am nächsten Tag bei immer noch strahlendem Wetter über den Bodensee, fahren über Ulm, wo sich ein großer Reisekreis, indem wir über die Donau fahren, schließt. Weiter geht es nach Norden und an der Aisch entlang nach Forchheim und von da in den kleinen, schönen alten Ort Gräfenberg, wo Bärbel wohnt, und wir uns mit den Schwestern von Klaus gleich in die Festvorbereitungen stürzen.

XXXX

Im August 99 laden uns Georg und Vreni für ein Wochenende in das alte, superfeudale Fachwerk-Grandhotel Giessbach am Brienzersee ein, zu einem anderen großen Fest: Mein Neffe Andreas heiratet seine Tatjana. Darum herum arrangieren wir unsere sechseinhalbwöchige Hochzeitsreise. Davor erleben wir eine totale Sonnenfinsternis im Elsaß neben der romanischen Kirche von Rosheim mit ihren Riesenfiguren, die auf Dach und Giebel hocken und in dem bleiernen Licht der Finsternis bedrohlich auf uns herabblicken. Danach verschwinden wir in die Toscana. In Orvieto beeindruckt uns Signorelli, in Siena Ambrosio Lorenzetti, dessen Tanzreigen wir als Einladung zu unserem großen Herbstfest verschicken. In Talamone südlich der Maremma entdecken wir einen waldigen Zeltplatz und hinter dem reizvollen, auf einer Felsnase liegenden Städtchen, eine versteckte, felsige Badebucht, wohin es uns immer wieder ziehen wird. Von da aus besuchen wir die Schwefelbäche von Saturnia, in denen Klaus, beim Fotografieren seiner badenden Frau, ausrutscht und sich den Zeh bricht, was er aber erst bemerkt, als wir am Schluss der Reise im Engadin zur Forcla Surley hochwandern. Am 23. September holen wir Achim in Düsseldorf am Flughafen ab: Zurück aus Amerika. Sein Fahrrad, das er dort gekauft, welches ihm in Seattle geklaut, und das er, angekettet an einen Gartenzaun, wiederfand, müssen wir beim Zoll auslösen. Wieder zurück in Europa kann er auch an unserem großen Fest: „Tanz in den Herbst unseres Lebens" teilnehmen. Es kommen Georg und Vreni, die große Klausfamilie aus Bayern, Freunde, Nachbarn und sonst noch ein paar Leute, die sich nicht darüber ärgern, dass wir geheiratet haben. Wir haben ins Atelier von Klaus eingeladen. Georg hat eine liebevolle und spritzige Rede mitgebracht, aus der ich zum Schluss zitieren möchte.

„Mit freudigem Vergnügen sind wir gestern in Zürich aufgebrochen und hierher geflogen ans Fest der Feste um mit Euch allen herzhaft zu feiern. Als erstes überbringen wir Glückwünsche und Grüße eurer Nichte und Neffen. Wir beglückwünschen Euch, dass Ihr Euch getraut habt, Euer Bündel zu packen und Eure Kräfte zu bündeln zum Lebensbund. Liebe Schwester, lieber Schwager wir wünschen Euch Harmonie an strahlenden und trüben Tagen, nicht nur in den Kirchen und Museen Eurer Urlaubsreisen, auch daheim, bei Euren Grüntee-Zeremonien. Wir erleben heute den Zusammenfluss zweier bestandener, bewährter Lebensflüsse zum mäjestätisch dahinfließenden Strom, erhaben über die vielen Richtungsänderungen der jugendlich munteren Bergbäche. Ich erinnere an Deine Pfadfinderinnenzeit, liebe Clelia, an Deinen Ausbruch aus dem Zürcher Töchtergymnasium mit dem Zürcher Kammersprechchor zur Aufführung nach Hamburg. Bergbäche, die meerwärts fließen, der weiten Ebene der Klarsicht und Gelassenheit zu. Hier lässt es sich aus dem Vollen schöpfen. Gegenseitige Aufmunterung stimuliert zu neuen Arbeiten und gelegentliche Ausstellungen bringen Anerkennung.

Auf welchem Urgrund wächst die Kraft zu malen und bilden, zu formen und kneten, zu behauen und meisseln und feilen? Unser Künstlerpaar ist an den kältesten Tagen des Jahres geboren, Ende Januar, gleichentags wie Mozart und Anfang Februar wie Alban Berg oder Alfred Adler, unter dem Sternzeichen des Wassermanns. Ob dies auch ein Grund ist immer wieder wärmere Regionen aufzusuchen, wie Italien, Frankreich, Spanien bleibe dahingestellt. Jedenfalls stehen Klaus und Clelia unter Einfluss der Planeten Saturn und Uranus: der eine bewirkt die zurückhaltende, schlichte, gelassene Wesensart, der andere fördert das Originelle, Unkonventionelle. So ist unser Wassermann-Paar von jugendlichem Schwung und doch ernsthaft, ist vielseitig interessiert, tolerant, grosszügig, kontaktfreudig, voller origineller Ideen. Diese Eigenschaften, liebe Clelia waren ideal, sowohl für den Schauspieler-Beruf, als auch für Deine psychologisch-therapeutische Tätigkeit. Und jetzt im Unruhestand findest Du Zeit und Muße für neue Kreativität, die in Skulpturen und Lesungen fließt.

Ihr entflieht nicht nur dem kalten Norden, wenn Ihr mit Eurem Bus gen Süden rollt, ebenso holt Ihr Euch auf Euren Reisen neue Ideen, lässt Euch von den Musen inspirieren. Dazu wünschen wir als ganz Wesentliches eine solide Gesundheit, um die Musenküsse zu genießen und kreativ umsetzen zu können. Nun fordere ich Sie auf, ihre Gläser zu erheben und auf das Wohl unserer vereinten Künstler der Malerei, der Bildhauerei, der Kochkunst und der Lebenskunst anzustoßen."

Das Herbst-Tanz-Fest von Klaus und Clelia wurde in aller Pracht gefeiert, und fortan leben sie meist vergnügt und zufrieden, sind zuweilen bekümmert über den Zustand der Welt. Sie pflanzen dann ein Apfelbäumchen. Sie reisen, malen, meißeln, zeichnen, lesen, lieben sich, kochen, essen, schlafen, träumen, und fühlen sich wohl und wundern sich darüber. Denn die Befindlichkeit unseres schönen Planeten bietet dazu wahrlich keinen Anlass. Die medialen Selbstdarsteller in Politik und Kultur und die alles zerstörende, globalisierte Profitgier machen Angst. Und doch sind die beiden dankbar, dass sie sich gefunden haben, und dass sie in Europa leben dürfen, das seit 66 Jahren vom Krieg verschont geblieben ist. Mit unge-brochener Neugier und Begeisterung betrachten sie die Schönheiten und Geheimnisse der Natur und der abend-ländischen Kultur und stellen immer wieder fest: Es gibt noch vieles zu entdecken.

Erftstadt, Ende Juni 2011

„Wer jedes Jahr nach MALOJA kommt,
wird lange auf dieser Erde bleiben“,
steht in französisch auf der Stirnwand
eines Hotels am Malojapass.
Clelia Meyer will es wissen und ist
schon weit über siebzig Mal da gewesen.
Und als ihr Mann sich in einen dortigen
Berg verliebt und nur noch hört: „MAL“
und antwortet „O JA“, beginnt sie, den hoch
über Maloja entspringenden Gewässern,
die in Nordsee, Mittel- und Schwarzem
Meer münden, und ihrem eigenen
Lebensfluss nachzuspüren

Konrad Ferdinand Meyer mit 57 – 1883 (Zentralbibliothek Zürich)

Dr. med Ernst Meyer-Rolle, Albertine, Maria, Ernst, Walter (meiner, ZH)

Marguerite, Elsi Bauer mit Großvater Bigler – 1920

Dr. hc. Maria Meyer (ATP Bilderdienst ZH)

Dr. med. Marguerite Meyer-Baur – 1944

Dr. med. Ernst Meyer-Baur – 1944

Emil Baur-Bigler – 1926

Frida Baur-Bigler mit Marguerite – 1933

Peter und Georg – 1935

Clelia – 1944

Hochzeit Vreni, Georg – Oktober 1963 Bern-Belp (Marzsinsky)

Clelia – 1962

Karlfritz – 1962

Clelia mit Achim – 1974

Achim mit Margna – 1994

Konfirmation Vreni, Clelia, Karlfritz, Achim, Hansdieter – 1987

Achim, Georg – 1987

Tatjana, Kilian, Andreas, Marius, Manuel, Lorenzo,
Anna, Julian, Elena, Christina, Peter, Nina

Achim auf dem Silsersee

Klaus Schramm

Klaus und Clelia – 2009

Clelia, Georg in Luzern – 1940

Clelia, Achim – 1974

Georg, Clelia – 1947

Achim – 1973

Viel Lärm und Nichts: Will Quadflieg, Clelia, Maria Becker – 1961

Bartsch Würzburg – 1962

Boris Vian: Das Schmürz
Clelia als Zenobia – 1962

Der Tyrann: Clelia Cord, Christoph
Lindert – 1962

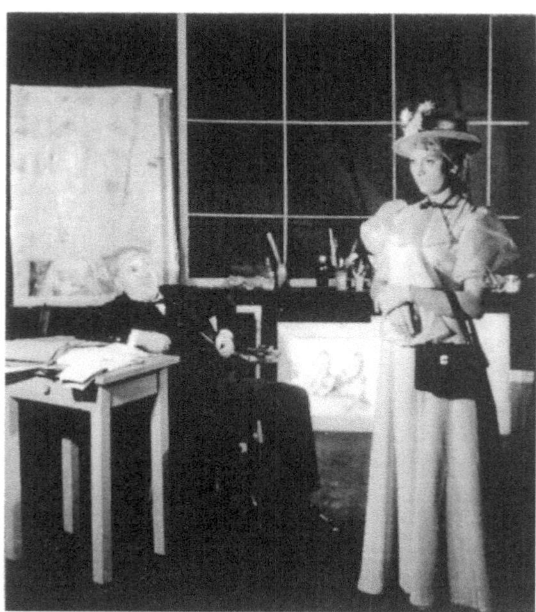

G. Hauptmann, Michael Kramer, Luigi Malipiero, Clelia Cord als Liese
Bänsch – 1962 (Bartsch. Würzburg)

Bombenangriff auf Schaffhausen – 1. April 1944

Wochenschau – April 1944

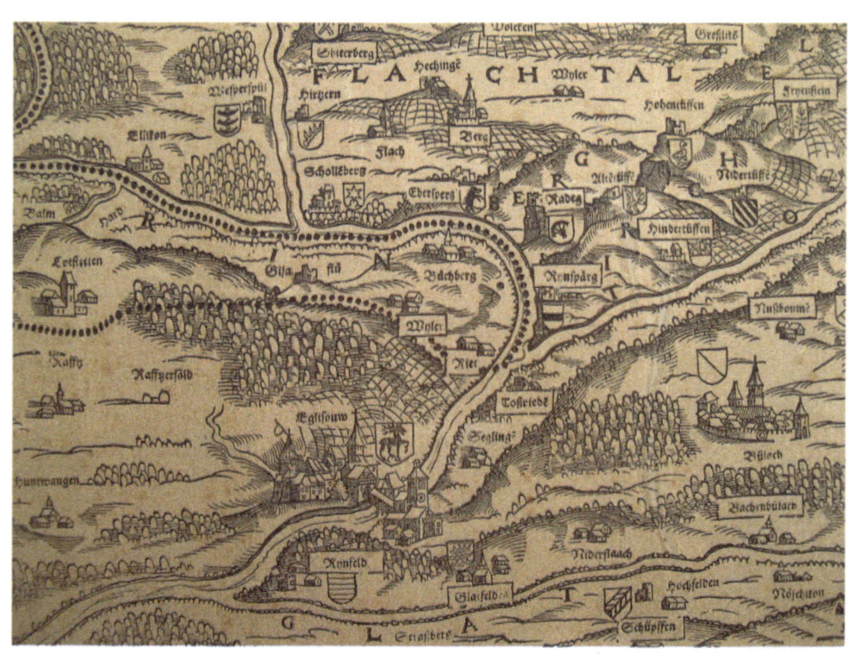

Karte Kanton Zürich – 1566

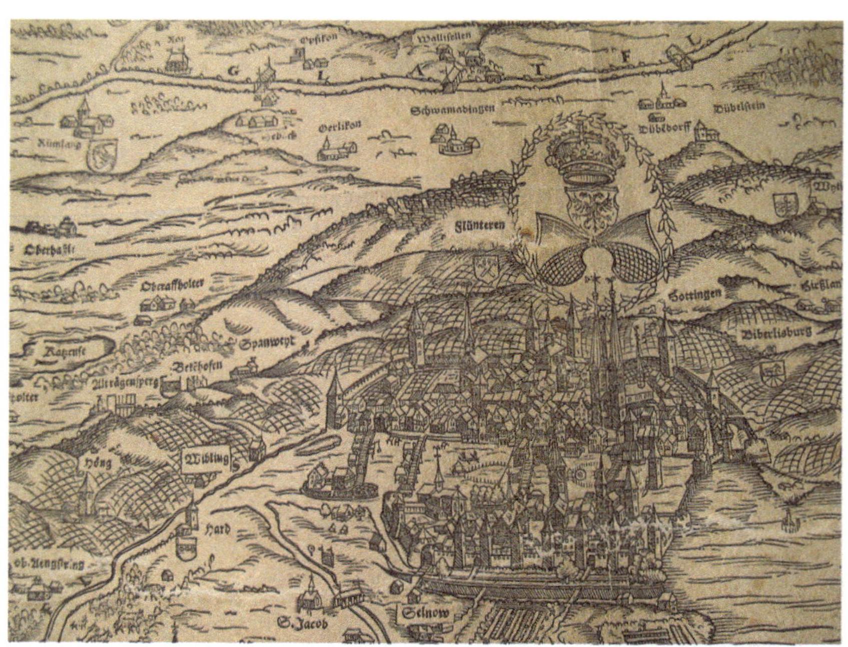